聆听就业沙龙，点亮精彩人生

一起去听就业沙龙

中国人民大学招生就业处　编写

中国人民大学出版社
·北京·

《一起去听就业沙龙》

主　　编　　王小虎　周　荣

副 主 编　　金驰华　郭　琴　朱　婷

编　　委　　陈　姚　李　双　李姗姗

　　　　　　连溢淼　莫海兵　潘蔚琳

前言

一起去听就业沙龙

　　这是一本关于高校就业指导与学生职业发展的指南。一年又一年的"最难就业季"，将大学生就业问题推向舆论关注的焦点。高校的人才培养质量与用人单位的人才需求之间如何实现精准对接，高校学生就业指导工作如何实现从重"量"到重"质"的转变，是值得深入思考与研讨的重要问题。

　　"就业沙龙"是中国人民大学在学生就业指导方面的品牌活动之一，针对学生在职业规划、行业选择、求职能力、职场适应力等方面的困惑应运而生。"就业沙龙"的定位是专业型、开放式的职业素养培养讲座，通过邀请杰出校友、职场成功人士及专业的培训讲师担任主讲嘉宾，开展互动型授课和讨论，与在校生分享职场智慧和人生经验，旨在帮助广大在校生提前了解职场，树立职业意识，培养职业能力，为今后步入职场打好坚实的基础。

　　2014年初至今，"就业沙龙"已成功举办78期，建立了"行业解析""求职技巧""职场素养""职业规划""国考加油站"等诸多模块，充分契合大学生求职不同阶段的需求，构建就业指导套餐服务，吸引了逾万人次参加。我们坚持整理每期讲座现场实录，定期汇编成册，刊印后向在校生免费发放，总计24万字，累计发放9千余册。我校招生就业处现对该品牌活动的精彩内容进行深度挖掘加工，汇编成此书。

　　愿这本书能够指导与帮助更多的高校学生提升自己的求职能力，顺利地迈入职场，这也是本书编者的初衷。

中国人民大学招生就业处

2017 年 6 月

>>> 第三章　求职技巧

>>> 第四章　职场素养

>>> 第五章　基层就业

一 起 去 听 就 业 沙 龙

第一章

行业解析

外企 15 年，我与埃森哲不得不说的故事

主讲嘉宾：张超

现任埃森哲大中华区副总裁、合伙人
埃森哲公司内部最快升迁纪录保持者
中国人民大学国际经济系 2000 级校友

讲座实录

主持人：欢迎大家参加今天下午的就业沙龙。不知道今天在座的同学们是不是因为比较关注张超师兄在外企的工作经验，所以结合自己想要进入外企的就业理想，来参加的这次沙龙。其实张超师兄不仅有非常丰富的外企工作经验，同时还了解很多其他方面的东西。因为埃森哲作为一家咨询企业，为很多企业提供运作模式的方案等，所以张超师兄在职业发展方面的经验是非常丰富的，跨越了不同的企业和行业，包括这些企业和行业的管理经验。今天下午的沙龙可以说能满足同学们各个方面的需求。下面的时间就留给张超师兄，请他简要地介绍一下他从参加工作至今的职业发展过程。

张　超：首先非常感谢能有这个机会和周老师坐在一起，与同学们分享。因为是"就业沙龙"，同学们关心的也都是就业、职场、个人发展方面的内容，所以我的个人介绍也主要侧重于这个方面。我 1996 年进入人大，2000 年毕业，就读于国际经济系国际经济专业。其实几年前的情况和现在有很大的不同，现在是个信息爆炸的时代，大家可以从各种渠道了解各种信息。但在我读书的那个时候，对于一份工作，可能在进入之前都是并不了解的。当时，国际经济、国际贸易相关专业的同学，就业主要就是以下三个方向：（1）进入银行（主要是几大国有银行、商业银行等）；（2）进入期货公司，当时中国尚未加入 WTO，国际贸易方面的公司比较热门；（3）进入企业做会计、审计或进入专业的会计师事务所。那时候大家对咨询行业的了解少之又少，也很少有人谈论。我选择这个职业其实也是由于机缘巧合，我在大四时通过特别的机会进入埃森哲，成为了一名实习生。坦言之，一开始我的初衷其实不是为了增加经历，而是为了赚点钱。（大家笑）

主持人：您做实习的时候一天大概能赚多少钱？

张 超：一个小时 20 块钱。当时对我来说赚钱可能是最初的目的，总之就是这样机缘巧合，我进入了埃森哲。但是加入埃森哲之后，这里的氛围对我产生了很大的冲击和影响：首先，就工作环境来说，这里是个"多国部队"，做项目时会有一些外国的同事，这是我之前没有想到的；其次，就工作内容来说，做项目与做一些日常的工作，两者的感觉是完全不同的，做项目就像打仗，内部之间会有很多的沟通和讨论。此外，在这里工作，每天都会有很大的知识量在轰炸，我需要不断地学习，会面临很多挑战。总之，基于种种原因，再加上性格的关系，这里的一切都让我产生了浓厚的兴趣，我开始想如果有机会的话，就留在这里。其实，当时我已经拿到了其他的一些 offer，但我决定就留在埃森哲。现在埃森哲有一万多人，但那时候，埃森哲在中国只有 50 人。那一年其实公司不招人，但我因为实习的表现，算是以特殊的情况加入了这家公司，就这样开始了我的职业生涯。进入之初，我主要从事比较偏能源和电力的行业，因为这些行业在过去的 10 年、15 年间，对于国民经济是重要支柱，发展非常迅速。从事这个行业的工作我也学习了许多东西。之外我做的比较多的就是管理咨询、信息化资讯、设计等方面的工作。近几年，因为互联网行业比较热门，我的工作比较偏重的是互联网、数字化、大数据、物联网等这些领域。当然，我主要研究的不是技术，而是研究这些技术可以怎样应用到相应的行业当中去，与行业相结合。现在算是到了合伙人的级别。

主持人：张超师兄很简单地勾画出了他职业发展的轨迹。这里有一些问题我想同学们也会比较关注。您去实习的时候是大几？大三吗？

张　超：对，其实在这份实习之前做过一份实习，大三的时候我在爱立信财务部实习过大概六个月时间。最后爱立信也给了我 offer，但我没有留在爱立信，因为我觉得可能每天做同样的事情，比较无聊。这个选择可能和我的性格有关。

主持人：进入埃森哲后，你开始跟项目，做一些相关的事情。那么去外企咨询公司实习的话，实习生主要做什么？

张　超：一般来讲，一个项目的架构是这样的：一定会有项目经理，也会有相关行业的专家。当时的项目主要负责的就是架构设计、业务流程以及信息化如何落地这些内容。而我作为实习生，没有太多专业能力，没有进入具体的组。但我会做行业的一些报告、研究，会有一些课题，有行业上的，也有专业上的。因为有不同的板块，可能会分财务、人力资源、供应链管理、生产、制造等不同专业。针对这些课题，可能会去调查。埃森哲有一个优点就是有一个非常庞大的知识库，那几年并不像现在，通过搜索引擎就可以搜到很多内容，当时可能需要查找很多资料，最后给予 leader 他想要的信息，做这些工作比较多。此外就是翻译、文字整理、会议纪要等工作。其实都是一些比较琐碎的事情，因为毕竟才刚刚开始。

主持人：在你正式入职之后，工作内容和实习时候相比有变化吗？

张　超：是有变化的，因为正式进入之后会有清晰的职业发展定向。因为我的专业与财务比较相关，所以接触这方面比较多。这个时候的工作相对于之前来讲，可能直接与最终的交付品更加相关。当然，也都是属于比较底层的工作。

主持人：在职场上，经常会存在我们所说的"多变性职业生涯"这样的情况，有人做过统计，人的一生可能会有五到八次的职业变化。但是你在一家公司做了 15 年，是什么样的动机和动力支持你走了这么久？在这 15 年中，你可能也会面临很多其他机会，在面对这样的诱惑时你是如何作出最终选择的？

张　超：这个问题问得很好。坦率地讲，我自己也没想到，会在这里坚持15年这么久。可以说，我是带着热情来的，因为咨询行业可以使我不断接触新的东西，这与日常性的工作不太一样。前面几年我没有想太多，就觉得应该慢慢积累、不断学习，这是一个快速成长的过程。后来逐渐进入到经理级的时候，涉及管理层面的一些事情，那时我确实遇到了很多机会。我为什么能一直走到现在，走了15年，我自己的体会主要有两点。

第一，虽然在同一家公司，但随着工作经历的增加，做的事情会有很大变化，做项目和做项目也都不同。可以说在这里我经历了三个大阶段：（1）专业人士，professional，就是为某一个行业、专业提供咨询建议。在这个顾问阶段，一个人的含金量就在于对这个专业的理解。（2）项目经理，进入这个阶段，管理一个项目与负责这个项目里的一项工作是不同的，需要面对的东西、思考问题的角度都和从前有所不同。我曾经带领过的最大的项目队伍，加起来一共三四百人，做了大概一年半将近两年的时间。我需要负责做工作计划，并与客户协商。首先就是要与人打交道，比如项目组里的同事、需要面对的客户等等；其次还需要与物打交道，比如我需要考虑递交的报告采取什么结构，需要解决什么问题，应用什么模型，这样考虑周全之后才能在与客户沟通的过程中保证客户的期望值。（3）2010年升合伙人之后，成立了两个事业部，一个是关于核电和新能源，另一个是关于大型资本项目。基本上我做了这两件事情，这与做项目经理也很不一样。项目经理有明确的目标，但这个没有。也许一个长远的目标只是一个数字，但对我来说，具体怎样去实现那个目标，可以说是重新开始。例如我要去考虑与市场沟通的策略，这有点类似于内部创业。另外，我需要考虑如何建立自己的队伍，也需要考虑外部环境，包括竞争对手，会去思考能否构建价值链、成为合作伙伴等。这些问题都需要从头思考，也没有太多人给予自己相应的指导，是一个全新的挑战。

第二，15年，经历了这三个阶段，每个阶段都不断地有相应的挑战和压力使我往前走；公司的文化氛围，包括公司合作的一些人也提供给我这样的平台，使我也愿意去做这样的事。其实，在这个过程当中，特别是到转型期，会有很多困难和困惑，这时候就需要对自己有一个新的要求。因为人都有惯性，喜欢待在让自己comfortable的领域里。但新的那一步必须要迈出去。面对困难的时候，你是选择坚持还是逃避？其实，放弃是最容易的，但坚持很难，坚持意味着孤独，会带来痛苦。但克服这种痛苦，你会获得成长，你能得到的东西是不一样的。在这里我也想告诉在座的同学们，在大家的学习、工作乃至人生当中，都会面临许多转折点和选择，这个时候一定要坚持，不要轻易放弃，眼前的一个坎儿，迈过去之后就不会再觉得这件事很困难了。

主持人：说得很好。我们人生中会遇到很多无法逃避的关卡，只能跨过去而不能选择绕行。如果你不跨过去，就会停留在一个"瓶颈"。转折时期面临的挑战非常大。从管理角度来讲，专业人士受到重用，需要去带领一个团队，这时候就有了一个错位，因为专业技能和管理团队是不一样的，工作对象不同，工作的内容和性质也都有很大变化，这时候就面临着如何很快适应的问题。作为一个管理者，需要考虑团队。再到后来，级别更高一些，成为了一名企业家，这时候需要考虑更多诸如目标、远景和文化建设等问题，困难更大。张超师兄坐在这里能够轻松地谈论这些，但这轻松的背后都隐含着许多的辛苦，一定是用付出的汗水和泪水换来的。一方面需要有决心，另一方面之前也要有所预料。各位同学在就业前，也应该了解这一方面，有转型的意识，做好转型的准备工作。很多人可能没有机会听别人分享这样的经验，但同学们现在有了这样的警觉，至少到了一个关卡的时候知道自己需要迈过去，这个真的很重要。还有一个问题想要了解，你现在做到合伙人这个级别，还会不会有离开的可能？合伙人会有股份吗？

张 超：我分两块来回答这个问题。第一，合伙人在我们公司内部被叫作landing point，因为咨询行业的人员淘汰率或者说流失率是很高的，比一般的行业高出三倍甚至更多，到合伙人级别，理论上来讲，如果自己不离开，公司是不会提出让你离开的，可以说是终身制的，算是给自己的保险。但是坦率地讲，合伙人中还是有很多离开的，离开的原因有很多，可能是因为做到这个级别之后，发现与之前的想法有些偏差。很多合伙人都是主动提出离开的，并不是因为他们做得不好。第二，股份是有的，埃森哲2001年在纽约证交所上市，上市之前会给合伙人一些内部的股权，算是未上市的股东。现在上市之后，会给合伙人一些股票，当然还有一些期权，未来可以去 realize，这也算是一种激励。

主持人：作为合伙人，张超师兄还担任大中华区副总裁这样的行政职务。每个合伙人都会有这样的行政职务吗？还是说合伙人只代表在财务上有所参与，具体的行政管理上有另外的人？这也是同学们未来进入咨询公司之后关于发展通道和线路的一个问题。

张　超：合伙人是一种"岗级"，代表的是一个级别的含义，但是你还会有很多其他的角色，这个角色会跟具体的工作相关。在埃森哲有两个职业通道：一个是向管理层走；另外我们也有专家型的职业通道，专家型的通道最高到不了合伙人级别。但这两个通道也不必拿来比较，很多稀缺的或顶级的专家，他们的薪酬并不比合伙人低，甚至会比合伙人高。因为有一些人不喜欢做管理，只喜欢在自己的领域做顶尖的研究，我们也提供这样的通道。

主持人：也就是说，所有的合伙人都是属于管理这个通道的。

张　超：对，在埃森哲是这样，不过，不同公司会有所差异。

主持人：现在，公司职业发展的两条线已经向大家介绍了，张超师兄也介绍了自己的职业发展情况。现在我们把机会留给同学们，同学们有什么比较关心的问题，可以向张超师兄提问。

学生提问：怎样平衡咨询带来的压力？我曾经在咨询行业实习过一段时间，持续失眠了很长时间。我当时参与了一个项目，具体负责项目 PPT 的撰写，当时经常加班到 12 点甚至之后。这样使我即使不在工作时间，也会想这件工作的事，而且在时间安排上也有很多的压力。

张　超：其实这会是经常遇到的事情。咨询行业的特性是它确实会面临很多压力，因为客户付了这么多钱是需要得到相应价值的回报的，这与在企业里做具体工作不同，这不是日常性的岗位，而是具有变动性质的。有时候这个项目与下一个项目会大相径庭。那么，在我们面临压力的时候应该怎么办呢？就我个人的感受来说，有以下几点建议：（1）人本身的工作、生活应该是一张一弛的，就是一个波动的过程，我们在心理上首先要预见到，设定好一定的期望值。（2）要有自我调节的方式，找到最适合自己的减压方式。比如，我曾经的一个项目总监接触过一个非常挑剔的客户，每天都面临很大的压力，他减压的方式就是打乒乓球。你要找到适合自己的方式。（3）遇到压力，退一步看待这件事情，强迫自己停下来，做一件事情之前让自己安静几分钟，告诉自己这就是工作、生活的一部分，另外也可以看看书，诸如传记、历史等。总之，不要纠缠在一件事上，因为真的没有什么是过不去的。

主持人：您做分析员的时候被别人分配任务，现在成为了合伙人要给别人分配任务，这两个哪个压力更大？（大家笑）

张　超：我当时做分析员的时候，整个项目只有我一个人处在最底层，也就是项目里的所有人都可以对我发号施令。那时候经常加班加点，主要是精神上、身体上的累，但是可以学到很多东西，为了 catch up 某个行业，我要花一些时间去做研究。我曾经有一段时间，每天加班到 12 点都是理想的，到凌晨两点算是正常的，临近交任务的时候可以连续 72 个小时没有睡眠，这确实很累，是身体上的累。

现在这种累的方式不同，责任非常大，当你在做顾问或项目经理的时候，所有的事情都有迹可循，都是有规则、有计划的，但是进行管理的时候，会发现很多事情是完全没有计划的，没有计划就没有规则，所有报到这里的问题，都是规则里找不到的。这个我们叫作从管理复杂度到管理不确定性。迷茫就在这里，"烧脑"也就是在这里"烧"的。现在做到合伙人我每天不需要去办公室，但是很多时候会需要见客户，可能电话会议每天会连续有很多。虽然没有了需要固定在某一个地方这一类的压力，但这是另外一种压力，需要管理的事具有不可预见性。

学生提问：咨询行业会涉及很多不同、全新的领域，怎样去快速地了解这个行业的发展，然后为客户交出专业的答卷？

张　超：其实这是有一定模式可循的。从公司的角度来说，公司会给一些指导，让你在汪洋大海中能够找到自己想要的信息，用比较短的时间先有一个初步的认识。我从事咨询行业以来最大的体会就是，一个人不可能什么都懂，但是一定要比客户快半步，做更好的准备，预见到客户要问的问题，这是技巧。面对客户之前，一定要自己在大脑里模拟情景，做到胸有成竹。

学生提问：从人力资源咨询转变到管理咨询，就业上的渠道是否比较畅通？在能力上或者个人的期许上会不会有一些劣势？

张　超：我们招聘的主要是两类人：一类是学生，通过校园招聘。我们对于学生的期望值主要不是看过往的经验、经历，而主要关注态度、工作方式等个人本身的软性技能，我们不看专业，任何专业的学生都收。另一类就是针对有工作经验的人的招聘，我们叫作 express hire，这针对的都是短期内的需要。就这位同学的问题，从学生的角度来讲没有任何的影响。但是已经工作两三年之后，公司招聘这些有经验的人士，主要目的是短时间内解决眼前问题，应聘者如果无法帮公司解决问题，除非有特别的技能对公司长期有利，否则，进入公司的可能性不大。我也做过很多面试工作，遇到了很多特别会把自己市场化、特别会包装自己的人。

主持人：可以识别出来吗？（大家笑）

张　超：是有一定的方法可以识别的。当然，这是有一定比例的，面试一个小时，要把一个有工作经验的人看透也是不容易的，但是从面试的角度来说，是有专业的工具或者说方法来解决这个问题的。总之这位同学，你从人力资源咨询转到管理咨询，这是完全没有问题的。

主持人：你做这份工作最大的成就感来自哪里？是要和客户打交道，满足了他们的需求，还是满足了自己的一些其他需求？

张　超：做这份工作，就我自己的感受而言，你需要有一种情怀。什么叫情怀？如果一个人只是为了工作而工作的话，那么他可能走不了太远，也做不了太好。我一直觉得，你能看多远，就有希望能走多远。至于成就感，不同的阶段是不一样的，但是现在，我希望能看得更远一些，我希望能够借助我的能力，对我所服务的行业、领域作出一些改变。

主持人：让我们为这种情怀来点掌声。（大家鼓掌）现在提起情怀来，很多人会觉得虚假、可笑。大家都在比谁更俗气，都在"接地气"。其实，作为人大学子，我们真的应该有一些情怀，这就是个人使命，努力让这个行业、领域有所改变。我之前听说过一个"黄金圈"的理论，黄金圈指的就是有三个重要的问题：Why（为什么做），How（怎么做），What（做什么）。现在大家被问到"Why"的话很可能觉得就业就是因为赚钱多或者如何，但其实做一件事情，最根本的理由应该是你存在的意义和价值。我们要先清楚了"Why"之后再去考虑做什么、怎么做，要多从里往外想，问自己"我为什么存在"，这样的人生才是能成大事的人生。我们人大应该多一些有情怀、有追求、有使命感的毕业生，这样才无愧于"人文科学的重镇"这样的称谓。

学生提问：大概去年的时候政府放出一些消息，对于有政府背景的企业和部门，要尽量少用外资咨询公司的顾问。作为一个外资咨询公司的领导，您怎么看待这件事？尤其是涉及一些国家重要战略资源的行业，您在与有着政府背景的客户打交道时会遇到什么困难？都是怎样处理的？

张　超：这个问题很好，其实我们内部也针对这个问题进行过一些研讨。对于这个问题，我是从几个角度去看的：因为国家是从安全层面考虑，所以一些设备、信息等尽量要"去外资化"。不过，我的客户大概有 80% 都是国有企业、央企。我们要考虑，这些企业为什么会请咨询公司：（1）企业有一些自己"解决不了"的问题，希望有外力帮忙解决，这并不意味着他们没有能力解决，只是他们在一些企业文化和特定的氛围下没办法做一些事、说一些话，所以需要外力帮忙。（2）咨询公司有比较多的经验积累，可以把其他公司的一些经验为我所用，或者说"洋为中用"。

所以，咨询这个行业从客户的角度来讲是需要的，而且会越来越需要。在这种需求下，这个市场中现在有外资企业，也有本土企业，很多竞争是这两者之间的，也就是说，这个蛋糕在这儿，主要看蛋糕怎么切。对于这个问题，需要明白几点：第一，客户是尊重价值的，需要达到效果的。一个企业的竞争力主要在于你是否能为客户提供价值，这是最根本的。第二，你所提供的东西是否不可替代，这就是差异化竞争的问题。咨询也分为很多类，企业对于不同层次的服务都会需要，我们需要考虑我们的差异、优势在哪一个地方。第三，对于积累，近几年国内的一些咨询公司成长速度很快，本土公司可以学习，但需要时间，从这个角度来看，这两者在未来一定会趋同。除了经验、价值之外，主要的就是人的问题，国内的一些咨询公司也会招一些外资咨询公司的管理人员，人员力量也在增强。人员决定了成本。但是随着人员的相互流动，这些最终也会趋同。而且，国内咨询公司最后也会国际化。所以，说到底，这两者最终会是完全平等的一个竞争，我们对此也有一个非常清晰的认识，这部分业务越来越大，最终比较的还是差异化竞争。这是我对这个问题的理解。

主持人：咨询行业人才流动性比较大，怎样去形成企业的核心竞争力？

这种核心竞争力究竟是什么？如果是取决于人的话，那么怎样才能留住这些人？

张 超：其实咨询行业需要拼的首先是口碑，其次是经验的积累，最后就是人。在口碑和经验积累的角度，对于客户来讲，咨询的整个过程是有风险的，这是行业的特性。从核心竞争力的角度来讲，咨询的特点相当于一个"黑匣子"，从提出问题到找出解决方案，这个过程是怎样的，客户是不了解具体情况的。随着互联网的发展，模型、知识等变得更加民主化，随着人员的流动，这个方面体现得也越来越明显。但是咨询公司只有模型是不够的，因为针对不同的公司，方案不能完全复制，许多细小的内容会起到决定性作用，这个是靠经验的。现在这个"黑匣子"在慢慢被打开。对于人员，我们内部也在研讨，可以说是有"软"有"硬"，"硬"的方面，我们会提供良好的职业发展通道，或者说做一些培训等。"软"的方面，我们要考虑企业文化的构建，比如内部传承、客户价值、尊重个人等。我们也会评估不同年龄段、不同背景对于职业选择的关注点，根据这些关注点来调整职业的内容。

学生提问：在多数人看来，管理咨询公司压力都很大，但您的经历似乎是比较顺利的，（大家笑）您的记忆中有没有一些印象比较深刻的危机或风险？

张 超：其实顺不顺也是相对的。在埃森哲，从咨询师到合伙人，晋升的概率有80%。但是这个过程中有很多人离开，所以主要看是否能够坚持。坚持是极其困难的，其实我觉得我的过程是很不顺利。（大家笑）中间真的有很多挑战和困难。

主持人：对于今后的职业发展策略，是一直在一个地方干，还是跳槽不断尝试？有时候跳槽的吸引力未必是薪资，可能也有别的方面。这两种策略，哪种发展得更好？

张 超：其实这个需要看人。从我周边的人来看，很难说哪个发展得好或不好。有些人通过几次职业变化之后现在也做得很好，这主要还是取决于自己，还有抉择的时间点的因素。不过在招聘的时候，跳槽太频繁的我不会选择，因为我觉得做一件事情是需要持续性的。人有些时候换工作可能是因为遇到了过不去的困难，但换到新的地方也会有新的不确定性。随着自己的成长，可能接触不同的东西之后，会认识到哪一件事情才最能让自己有激情，这可能会是一个寻找的过程。其实最初我也有自己的设想，我当时想的是 30 岁之前我可以随便跳槽，30 岁之后我再踏踏实实做。但到了 30 岁的时候，这个目标又顺延到了 40 岁。现在这里仍然不断有新东西在吸引我。此外，选择的时候也要看不同时间点的变化。

学生提问：有三个问题。第一个问题，您是否觉得 IT 咨询的发展前景会比较好？第二个问题，您最喜欢埃森哲这家公司哪里？最不喜欢哪里？第三个问题，您有没有什么教训比较深刻或者比较后悔的事情？

张　超：人还是要顺势而为，我们要看大势，这个趋势在一段时间内不会发生变化，因为技术的创新会带来很多新的商业模式，这方面的前景和机会可能比我们能想象到的还要大。即使是做管理，你管理的东西也要与时俱进，不要太守旧、太按传统方式思考问题。

第二个问题，就我自己的体会而言，我最喜欢埃森哲的地方可能就是这里的一批人，我个人觉得，一个人成长为什么样子，60% 取决于个人能力，30% 取决于你生活的小环境（你日常工作接触的人，你的小圈子），剩下的 10% 就是看运气。在埃森哲，我喜欢这里一起工作的氛围、感觉和方式，这是让我能坚持下来很重要的原因。当然，埃森哲肯定也有很多弊病，因为现在企业做大了，可能会有一些大企业的通病，比如内部的机制等，这可能是我不太喜欢的方面，不过大企业都会有这些问题。一旦大企业规模化运营之后肯定会有一定的规则，也许效率会降低，这个问题在一定规模之上的企业都存在。

第三个问题，对我有比较大冲击的一件事情可能就是对人的信任，某一个人由于自己的一些事情，造成这个项目有很大的财务上、预算上的问题，给客户造成了比较坏的影响。对我来说，怎么去信任一个人，如何去看待人与人之间的关系，这个事情可能是让我印象比较深刻的。

学生提问：您为什么选择咨询行业，进入埃森哲？

张　超：我偶然得到了进入埃森哲实习的机会，然后这里的工作方式给我带来了很多全新的东西，我希望能有不断的变化，所以留在了这里。

主持人：在一家外资企业工作，工作中的文化差异明显吗？

张　超：文化差异还是有的。外资企业的一个特点，就是收权和放权的问题，因为它们在中国的都是分支机构，不是最终的战略决策机构。很多时候做一些比较大的决策的话，需要和全球的负责人进行沟通，如果他们不了解中国的背景，就会比较困难。我们现在比较好的做法就是直接请他们过来，让客户给他们看。所以说文化差异肯定是有的，因为大家背景不同。

主持人：我们要找到良好的沟通方式，这种差异能够优势互补，还是这个差异会阻碍自己的决策，这个考验的就是我们的跨文化沟通能力。

学生提问：我们毕业之后选择的第一份工作，是从一家体系完备、具有一定规模的大公司开始比较好，还是从一家刚刚起步、还在创业阶段的小公司开始比较好？想听听您作为前辈的经验。

张　超：我的回答只代表我自己的观点，这与我自己的性格有关。从我的角度来讲，我比较倾向于进入一家体系比较完备的公司。现在许多大学生创业，但是看结果的话，成功率非常低，因为缺乏经验的积累。从学生进入社会，是会有很大转变的，如果在一家体系完备的公司工作，在职业生涯的早期能有一定的积累，这样益处比较大，之后再创业，效率可能也会更高。

学生提问：15年前您做了个选择。那么现在您自己和您的同学做比较，有什么不同？如果再给您一个机会，把15年前的选择再次置于您面前，您还会这样选择吗？

张　超：我还是会这样选择的。我的性格不太喜欢每天做同样的事情，每个人有不同的因素，我比较看重的是我对工作性质的体验，这个工作性质我是否喜欢。我的同学也有在他们各自的行业里做得很好的，但是好或不好并不能以薪水或者职位的高低来评判。

主持人：大家都在问，15年了，如果回到当初张超会怎样做，他的选择是无怨无悔。能够做到对自己的选择无怨无悔，一个重要的前提就是知道自己究竟要什么。做之前我们要思考自己想要什么，在这个过程中我们会探索，不断地去进行匹配，去适应。此外，能够引领着他一直往前走的动力，是因为他有一种使命感。使命感并不是天生就有的，它是可以寻找和建立的。我们需要去寻找，我们可以有一定的阶段，不要求大家超越实际地追求情怀，但大家心里一定要有一种使命感，遇到合适的时机就去完成它。

张　超：有一句话是 lead your life or live your life。我们大家都应该去 lead your life，这个引领自己的东西就是使命。这个东西是谁给自己的并不重要，但是一定要有。

带你走进信托行业

嘉宾简介:

张辰熙　本科毕业于西安交通大学,曾任校学生会副主席,现在职攻读清华大学经管学院 MBA,ACCA 会员。现任华能信托信托经理,曾就职于毕马威咨询公司、远东国际租赁有限公司,有丰富的信托业从业经验。

刘一然　中国人民大学劳动人事学院本科、硕士,现担任华能信托招聘主管。

实录节选

张辰熙:信托行业相关

首先介绍信托业的发展历程:1979 年中国建立第一家信托公司,随着市场化改革的推进,信托公司扮演着市场化改革排头兵的角色,但由于处在计划经济向市场经济转型初期,信托行业存在高息揽存等不合理的混乱现象。2000 年前后信托业整顿,很多信托公司关闭。直到"一法两规"颁布,信托业发展重新走上正规。目前在大资管时代，信托始终保持着在金融行业中管理资产规模、人均利润和人均薪酬排名第二的状态。整体而言，信托行业发展在回升，随着政府政策和市场发展不断探索和转型，出现了好公司越好、差公司越差的明显分化现象。信托行业的风险处在可控状态，有各种缓释措施来解决这些问题。政策越来越严，管理也越来越规范和合理。

信托基础知识："一法两规"："一法"是《中华人民共和国信托法》，"两规"是《信托公司管理办法》和《信托公司集合资金信托计划管理办法》。"一法两规"有效保障了信托相关人的合法权益。信托的概念是一种资产管理制度，委托人基于对受托人的信任，把其财产权委托给受托人，由受托人按委托人的意愿以自己的名义，为受益人的利益或者特定目的进行管理或处分。

信托的日常工作：信托的应用范围，可以和人类的想象力相媲美。信托业是唯一横跨货币市场、资本市场和实业投资的金融机构。所有金融行业能做的事情，除了债券的发行和承销外，信托业都可以做，涉及非常多的领域，如结构融资、财务顾问、资产证券化、项目贷款、流动性贷款、股票交易、债券交易、股权投资等。信托时时走在利益市场化的前沿，感受市场上钱多还是项目多。信托的具体日常工作有：行业研究和模式探讨，同业沟通，在项目端从前期、中期到后期的很多事情等。

华能信托公司：2008年11月，华能资本服务有限公司对原贵州省黔隆国际信托投资有限责任公司增资扩股重组。2009年1月正式更名为华能贵诚信托有限公司，2009年2月开展信托经营业务。2014年在行业中排名第八。这时公司发展不仅仅局限于规模，更注重创新。华能信托的优势：其背景是央企华能集团，实力雄厚；兄弟单位协同效应；领导层引领方向，高效开会，亲力亲为；全体员工齐心合力；专业机构保驾护航等。

刘一然：求职的艺术

一、简历制作和投递

简历制作：HR筛选简历看重的内容主要包括：教育背景（学校、学历、奖励），实习经历（实习公司的好坏、与求职岗位的相关性），课外活动（证明自己的综合素质），相关技能（爱好、特长）。毕业院校要醒目；端正而不失真的证件照；基本内容简明清晰醒目；不推荐格子控的简历。简历内容一定要真实，千万不要刻意美化，一旦被 HR 发现是假的，就会被列入黑名单，诚信是非常重要的。

简历投递：第一，知己知彼，百战不殆。尽量不要海投，要有针对性地选择自己想要投递的行业和单位，充分了解自己要去的单位，包括行业的发展状况、行业内部公司排名，公司发展状况和文化氛围等，可以从网上进行查询和了解。不要让 HR 觉得你在广撒网，而要让他觉得你在用心找工作。第二，关于邮件投递。邮件标题一定要清晰醒目，包括应聘地点、姓名、学校、学历；可根据公司文化标出自身特长，或可让 HR 眼前一亮。邮件正文要有内容，包括简要介绍自己背景、专业知识、社团活动、实习经历、资格考试、性格特征、加入本公司的原因及想法，进行真诚的自我推荐，表达要礼貌。第三，简历要不断调整，不能一封走天下。针对不同行业要有不同的简历版本，如投递国企、事业单位需要突出党员、学生干部的经历，投递研究所要突出研究业绩、发表的文章，投递外企要突出实习经历、个人能力、英语水平等。针对不同岗位要有不同的简历版本，如有些岗位突出组织协调、人际沟通能力。第四，简历投递一到两周后仍无回复，可以尝试再多投递几次。第五，很多单位有内部推荐，可以求助于同学、师兄师姐和师长等，这种机会是非常可靠和有效的，成功率更高。

二、笔试

企业招聘时间表大概是：9 月份是外企、民企；10 月份是各种各样的企业；11 月份是大多数的国企；第二年 3 月到 5 月也会有好企业的补招。找工作要准备充分，掌握技巧，随机应变，心态平和。

关于笔试，有以下几个技巧：第一，熟记公式，笔试内容一般是行测、申论、专业知识、英语，把握规律性，运用公式等方法就可以节约时间，找出答案。第二，适当动手，有些题目可以就地取材，如折纸计算。第三，合理取舍，不要在难的题目上浪费过多时间，要学会取舍。第四，不按照常理出牌的题目，考查的是你的思路和想法，不一定有标准答案。

三、面试

面试考查的是求职者的求职意愿、综合素质和能力。第一，面试前期要做好充足准备。从官网、官方微信等多种途径了解面试企业的文化、业务类型、行业前景、组织架构、岗位要求等。想明白自己为什么想去这家公司、这家公司为什么要选择你这两个问题是非常关键的。应届毕业生网站上也有很多各个企业的面试技巧和攻略。第二，准备完美的一分钟自我介绍（中英文），除了自我介绍内容，HR更关注你表现出来的举止、言行、外在形象等，这就形成了重要的初印象。第三，面试经典问题。引入式：自我介绍；动机式：为什么离开上家公司，为什么选择本家公司；行为式：具体的行为表现，可遵循STAR原则（情景、目标、行动、结果）；应变式：两难或多难问题，考察随机应变能力；情景式：文件筐测验、无领导小组讨论；压迫式：测试心理素质、承受能力，如谈谈你的缺点、如果和上级意见不合怎么办等。第四，对于群面，要找准自己的位置，客观公正地评价自己和别人，展现自信；对于单面，要放松心态，引导话题，放大自己的优势，突出重点。

学生提问：毕业后应该是选择大机构还是小机构呢？

刘辰熙：金融都是相通的，思路要宽。在大机构平台大、机会多，但资源并不一定能落实在自己身上；在小机构，灵活、精简、资源集中，但生存得可能没有大机构舒坦，比较辛苦。总之因人而异，要根据自己的定位来选择。

主持人：信托公司的职业发展路径是什么？

刘一然：以华能信托公司为例，首先以信托经理助理进入公司；一到两年后成为信托经理；之后的转型是高级信托经理，承担业务指标，举手制进行选拔，如果没有完成指标会降回到信托经理，具有淘汰机制；再往上发展是团队负责人。对于后台，是行政助理、高级经理、部门总经理助理、部门副总经理、部门总经理的职位晋升序列，中层员工采用全员化、市场化聘用机制来选拔。

咨询行业的风起云涌

主讲嘉宾：赵民

> 正略集团董事长、正略咨询创始人，达沃斯世界经济论坛中国理事会成员，曾被达沃斯世界经济论坛授予"2001 年全球未来领袖"称号，被美中关系全国委员会授予第一届"美中杰出青年"称号。先后被聘为北京大学、上海交通大学、中山大学、西安交通大学、东南大学等大学的管理学院或商学院的客座教授、讲座教授或客座研究员。

讲座实录

主持人：今天是就业沙龙第 51 期，51 是很好的数字，谐音"我要"。我要了解咨询行业的风起云涌。今天讲座的嘉宾——正略集团董事长、正略咨询创始人赵民先生将通过介绍自己的经历以及个人职业发展，为大家解读咨询行业。

赵 民：谢谢各位同学，今天我的讲座将分为三个部分：第一部分是从大学毕业到现在的创业、工作经历；第二部分是介绍我们的公司；第三部分是介绍咨询这个行业。

我是江苏人，出生于 1966 年，1992 年，27 岁的我离开体制内的工作下海。在公司已经 24 年了，经历了中国三轮经济周期，所以我们公司是一家经历了各种挑战和问题的公司。

我在太湖边出生，成长到 18 岁，本科在南京工学院（现东南大学）计算机系就读。1988 年 8 月 1 日，22 岁的我一个人来到北京，到现在已经 26 年。我大学是学软件专业的，毕业后被分配到事业单位，在外经贸部负责信息处理，工作了 5 年，这期间我曾被公派到美国学习，后来和两个同事一起创业。

1992 年我们创立的第一家公司叫新华信，是做企业信用服务业务的公司，1997 年开始做市场调查业务和管理咨询业务，2002 年以后开始集团化。我主管管理咨询业务，并开辟了一个新的品牌，就是正略咨询。正略使用了合伙人制度：员工从最底层凭借自己的努力一步步晋升，最终可以获得股权，成为股东。2004 年公司开始做上下游投资，第一个投资的是图书出版业务，我们出版的管理学图书、营销实务类图书在整个市场上排名是第一的。

下面我介绍一下正略的三大类业务：一是管理咨询业务，咨询是一个符合环保理念，且贫富差距小的行业，口径宽，能接收所有专业的毕业生，出去以后也可以做任何公司的高管；二是图书出版业务；三是创业投资，设创业学院，我们投资的业务涵盖互联网、企业培训等，我们投资的特点是不仅给钱，还帮忙管理。

我们公司有三个特点：第一，我们是咨询行业的黄埔军校，同行尊重是最好的证明；第二，不搞连锁品牌扩张，我认为连锁品牌扩张是很影响行业口碑的，一些转型的公司，如 IBM 等就没有开连锁品牌；第三，我们喜欢与客户共同投资，这是咨询方案落实为行动的最好方式，绝大部分投资与客户合作，少部分与老员工合作。

总结一下我想说的三句话：一是创业要趁早，这个时候年轻力壮，无后顾之忧，有失败的资本。以我个人为例，我中学的时候是田径选手，获过许多次第一名，在中学时绑沙袋跑步训练，有了一个好的身体，这也是创业的基础。二是一定要做自己喜欢的事，不能由别人指定。当你们选择了自己喜欢的行业后不要被外界影响，成长过程中永远都有困难，能不能坚持下去取决于喜不喜欢。三是做的事要符合自己的优势和特点。我喜欢文学，爱读书，并且我写书有自己的特点，逻辑严谨，有计算机专业的风格。我在外经贸部时做的工作主要是写报告、代表外经贸部书面回答外国投资者的问题，现在看来这也是一种咨询。

主持人：我在想，别人的经验虽然不可复制，但像赵总这样一路走来，相信也是有许多可以借鉴的地方。我有一些问题，像您这样，大学毕业进国家机关是很好的工作，但您义无反顾下海了，那时候政策条件没现在这么好，风险又大，这从您刚才的话中可以得到一些解答，比如喜欢文学，所以选择咨询行业。但一开始的时候您是做企业信用管理，是什么契机让您选择这一方面呢？

赵　民：20 世纪 90 年代时，国家对外投资贸易没有放开，也没有互联网，存在信息不对称的问题。当外国人来中国需要了解公司状况的时候，就需要第三方予以证实相关情况，欧美国家是有这种第三方公司存在的，但中国当时没有，所以需要这样的民营公司。我在外经贸部时就经常处理这种事情，对工作流程和需求比较了解，可以说是我的工作岗位给了我机会和远见。

主持人：可以看出您在工作中不断思考，有前瞻性。还有一个问题，创业需要合作伙伴，当时是三个人股份平分，股权结构股份安排是怎样考虑的？合作过程中股份平分的结构在决策时是否有一定问题？

赵　民：开始创业时我们借了两万块，购买了一些基础设备，半年没有发工资，条件很艰苦。当时我们三个人是好朋友，身份也平等，所以一开始股份是相同的，这种方式在创业初期有一定优势，有利于齐心协力发展公司，但确实不合理。我们当时约定重大决定必须三个人都同意才能通过，这虽然保证了公司的稳定，但也丧失了一些机会。所以后来十周年时公司做了相应调整，三个创始人分管三个业务，并分为三家公司，各自独当一面。股权分配与企业发展阶段和特定时代有关系，那时的分配方案拿到现在就不合适了。

主持人：咨询顾问需要什么样的素质？

赵　民：我们的目标是做中国最好的咨询公司，所以对员工要求严格。首先，重素质不重专业，当然特长也很重要。由于咨询的特殊性，我们的员工要能吃苦耐劳，能耐得住寂寞。其次，强调学习能力，咨询行业工作内容跨度大，需要较强的学习能力，适合掌握学习方法的人。最后，强调团队精神，团队中每个人都各有特点，所以团队内部要有知识分享，互相帮助，团队成员需要齐心协力满足客户要求。决定你能否留下的不是老板，是客户。

主持人：您刚才说创业要做喜欢的事，您也说喜欢文学，为什么大学学习的是计算机专业？

赵 民：我高考时，班主任告诉我，大学要读有未来的专业、有前途的专业，而且那时候家长也认为计算机有前途，所以就读了计算机专业。大学毕业到机关工作后，自己考虑后觉得做科研没有出路，后来才找到了自己擅长的方向。

主持人：我听了赵总的话，总结出了三点感想：一是赵总中学喜欢文学，选择计算机专业也发挥了文学的想象力。你未来选择的路可能在中学时就有了一定的目标，可能中途学了别的东西，最后又回到了初心，但大学时学习的计算机并不是没用的。大家要确定追求的事，最终一定会实现。二是咨询公司看重不怕吃苦的精神，工作辛苦，需要有心理准备。三是赵总说咨询行业适合家庭没什么背景，但有能力的人，努力的话三五年就可以做合伙人，现在大家流行一些消极思想，比如拼爹等，我却不这么看，我认为应该相信奋斗的力量，凭自己的努力改变自己和家庭的命运。

问答环节

问：咨询是外行给内行提建议，为什么客户要请你们？毕竟咨询行业只管提建议，不管实施。咨询行业有什么挑战吗？

答：互联网给所有行业都带来挑战，但满足特定需求方向总是对的。我们不仅给客户提建议，也管实施。咨询行业的重点是外行迅速成为内行，许多文学家并不是原来就是内行，人生经历提供创作内容，许多创意都是外行想出来的，是跨行业的经验传授。外行有不可替代的独特作用，可以打破固有利益格局。

问：我是哲学博士，你们公司招聘博士吗？

答：我们非常欢迎博士，我们公司许多职位都针对博士生开放。我们有一个高端品牌活动——正略读书会，已经开展了五年多，非常欢迎文学方面有能力的年轻人。另外公司员工中，有意向读在职硕士、博士的，我是非常乐意帮助推荐的。

问：能谈谈做公司过程中的困难吗？喜欢什么样的员工？

答：做创业公司的领导比较辛苦，简单的事情下面的人都解决了，留下的就是最困难的事。我个人有个习惯，基本下午四五点以后不做重大决定，因为一整天高强度工作下来，身体和精神都比较累，这个时候就不适合做重大的决策。

第二个问题，喜欢有悟性，可以举一反三，能迅速学习和纠正，自我反省，不断提高的人；喜欢沟通好的人，与客户多沟通，了解客户在想什么，与领导多交流，让领导知道员工在想什么。

精通五门外语的律政男神教你笑傲职场
——律政男转型互联网金融的职场经验

 嘉宾简介：

蔡新苗　中国人民大学法学博士、中国政法大学博士后，现任立道（北京）企业管理有限公司独立董事、北京大学电子商务 EMBA 专家指导师、浙江大学法律语言与翻译中心客座教授、北京仁合公益与法律研究中心理事、北京市亿嘉律师事务所高级顾问。硕士、博士期间均获得最高额奖学金，精通英语、日语、德语、法语、韩语五门外语。

杨东　中国人民大学法学院副院长，金融法研究所、竞争法研究所副所长兼秘书长。研究领域为证券法、金融法、竞争法、企业并购法等。

现场实录

首先主持人向大家介绍了嘉宾蔡新苗的学历背景和职业状况，专家杨东教授的学术背景和专业领域，两位嘉宾也进行了简短的自我介绍。

蔡新苗：首先向同学们问好。我于 2003—2005 年在人大法学院攻读硕士，

2005—2008 年攻读博士，2008 年进入中国政法大学攻读博士后，2011 年毕业后进入职场。希望能与大家多多交流。

杨　东：大家好，我 2005 年在日本留学，归国后进入人大法学院担任教职，至今已有 10 年，学术方向为金融法、反垄断法，因此与企业、政府有较多的接触。我与蔡师兄是浙江同乡。希望今天与大家有更多的交流。

主持人：蔡师兄主攻金融类专业，能不能介绍一下金融学专业的前景。

蔡新苗：首先我想说在自己职业的发展上，不要把专业看得太死，不要局限于专业，否则就打不开格局。在我看来，中国互联网的发展经历了三个阶段：第一阶段，20 世纪 90 年代是门户网站崛起时代，涌现出搜狐、新浪等门户网站，成为人们看新闻的新媒体。第二阶段，电子商务时代，阿里巴巴、京东、当当等一批电子商务企业出现。第三阶段，移动互联网时代，手机成为互联网的主力军，在美国，移动互联网流量首次超过 PC 端。很多行业会从前两个阶段得到红利。在第三阶段，更多企业关注互联网影视、互联网金融。在当前的时间点，互联网金融自然整合并兴起。我也建议金融专业同学多多关注互联网金融行业。

主持人：师兄您当时学习刑法却选择了目前的行业，当时是怎样作出的选择，是本科就有这样的打算还是毕业时才进行思考、抉择？

蔡新苗：未来很远，我们无法控制，选择自己的方向要注意两点：第一是能不能接受自己的专业；第二是将来从事这个行业的薪资水平。我进入互联网金融领域是机缘巧合，毕业时恰巧有个朋友做电商，邀请我加入他的企业。这与我的专业无关，只是出于兴趣，我从一个法律人把自己一点点塑造成了半个 IT 人，后来北大互联网课题组的负责人邀我加入，在这个过程中，我也参加了北大《电子商务标准教材》的编写，又接触了一些互联网项目，满足了自己的好奇心，后来又经朋友介绍加入立道。

主持人：师兄一路走来成功的因素是机遇、积累，还有朋友。那么，杨老师您在职业选择方面对同学有哪些建议？

杨　东：同学们专业大多是法学和金融，我认为蔡博士等互联网创业者的产生是必然的，是大环境的驱使。互联网改变金融，就像改变了我们人体的血液和基因。大时代也有大机遇，特别对于金融、法学专业的同学来说，大家一定要"触网"，接触互联网人士，形成互联网思维，多与社会接触。

主持人：蔡师兄研习5门外语，两年时间修完德法韩日的基础课程，能谈谈为什么当时学了这么多门外语吗？

蔡新苗：人大硕博有免修免试英语的机制，我当时免试英语，又不想虚度青春。因此我从研一时决心学习日语，去外院旁听，但当时课程进度到了标准日语的下册，我就自学了上册跟上进度。在第二年的时候开始学习法语。博士期间决心学习德语。第二学期由于韩剧热，参加培训班开始学习韩语。学习语言就是因为喜欢，因为爱好，其实也不能赚什么钱，但我从中提升了学习能力。

主持人：那么下面我们进入问答环节吧。

学生提问：首先谢谢您与我们进行分享。我来自信息学院，刚刚看了立道公司的简介，您能介绍一下立道公司相比于其他从事互联网金融的公司有什么优势吗？还有，您认为还有哪个行业比较有就业潜力呢？

蔡新苗：第一个问题：目前P2P行业鱼龙混杂，立道做的是P2C。首先来说P2P，是个人对个人的，但个人的不确定因素更多。P2C借钱的是企业，我们在借钱之前会进行调查，可以对厂方进行锁定，有国家资质的信托企业和立道进行双层担保，安全系数得到提高。

第二个问题：人大同学应该与自己比而非与别人比，每天都要进行积累，一天比一天辛苦就会一年比一年轻松。不用太注重自己的专业，勇于迈出第一步，不要在求职时瞻前顾后，人不可能一辈子只待在一个企业，要敢于尝试，坚持自己的选择，不要后悔。人大平台很好，同学们的发展只会越来越好，应该自信，同时也应注意健康与工作之间的平衡。

学生提问：我是2012级金融本科的学生，想问一下是什么让你们坚信互联网金融的前景。还想问一下蔡师兄，目前立道公司有没有遇到什么问题或阻碍。

杨　东：银行必然要经历转型，互联网金融效率更高，成本更低，有可能实现弯道超车，因此应该把握自己的机会，勇于创业，找到自己的定位，让自己生命的价值得到最大化。

蔡新苗：互联网金融是一个趋势，必然会崛起。P2P 企业逐渐多起来，目前处于起步阶段，今年是互联网金融的众筹元年，用户慢慢被培养起来，这样的模式就成了大势所趋。立道相对来说稳定下来了，你也可以多关注一下。

学生提问：我是 2014 级法律硕士，我本科是学英语的，对语言比较感兴趣，我想问一下有没有法律英语这个专业。这方面有什么样的前景？

蔡新苗：做翻译很苦、很累，建议你看个人的选择，有时还是需要现实一些，应该考虑清楚这个专业未来会怎样。其实，进入互联网企业并非不好，所谓的传统企业在形势变化的情形下可能与大家想象中的不同。

走近北京电台，了解广播魅力

嘉宾简介：

李秀磊　北京人民广播电台副总编辑

周燕玲　北京人民广播电台人事部主任

赵云泽　中国人民大学新闻学院史论部副教授、副系主任，中国人民大学新闻学院新闻与社会发展研究中心研究员

嘉宾语录：

我们对于人才的需求是很大的，我们需要有热情、有知识、有创新思维的年轻人加入到我们的行列，更重要的是，要有对广播的热爱。

实录节选

李总编：今天这个机会非常难得，我代表北京人民广播电台欢迎大家的到来。下面我简单地向大家介绍一下北京电台的基本情况，并在之后和周主任一同解答大家的问题。北京电台有职工超过一千人，其中在岗职工八百余人。目前运营九个频率，包括新闻、文艺、交通、体育等等。

在新媒体和其他媒体的冲击和挑战下，这些频率发展得并不均衡。人们的收听方式从原来的居家收听，更多地转移到车载、移动收听，交通广播一枝独秀，听众占30%，创收也是最多的。创收排在第二位的是音乐广播，虽然收听率没有那么高，但发展比较稳定，开播二十年来创收首次破亿元。音乐广播在校园里比较受欢迎，在这里要感谢同学们的支持与认可。我们的品牌栏目，如《一路畅通》《中国歌曲排行榜》等，得了全国多个奖项。此外，近几年我们有十几位主持人得了金话筒奖，这样的成绩在全国媒体中都算得上出类拔萃的。

北京电台从20世纪80年代开始改革，到现在已经取得了一定的成效。在新媒体的冲击下，作为弱势媒体的我们如果要想继续生存下去，将面临很大的挑战。北京电台之所以发展得不错，很大程度上要归功于北京的地域优势。但地域特点是双刃剑，我们同时也受到了地域的限制，不能像新媒体那样做到"没有疆界"的推广。面对压力与挑战，我们从不敢懈怠。近几年，我们一直在尝试探索新媒体，加大了对于"北京广播网"的投入，并相继推出了"定制电台——菠萝台"以及"移动客户端——听听FM"等，以满足人们的收听需求。

接下来我简要地向大家介绍一下北京电台在人才引进方面的相关情况。近几年来，北京电台每年的人才引进量在三十人左右，最少也有一二十人。我们选拔的条件还是很严格的，目前的招收对象主要集中在人大、传媒大学、北大和清华，这些高校的毕业生素质高、上手快、后劲足。特别欢迎大家加入北京电台的大家庭，我还是更喜欢人大的毕业生，因为人大的新闻更专业。

赵老师：非常感谢李总编，我们今天来北京电台的目的主要是参观学习。我个人也在做媒体融合的相关研究，在我看来，广播是独树一帜的，未来应以内容为王、创新为王，前景还是很好的。我觉得大家来北京电台工作还是很好的，这里是一个很好的平台、很好的起点。大家要抓住机会，有问题及时询问李总编和周主任。

学生提问：我想问的是，电台是否对毕业生的专业有所偏好呢？在人员素质方面又有怎样的要求呢？

周主任：首先要肯定的是，我们对学新闻的学生非常非常重视。但你要知道，我们这一行其实是杂家，如果只学习新闻，也不能把工作做好。特别是现在，播出内容越来越丰富，这就意味着我们在专业的拓展上有了一定的放开。我们希望拥有各个学科的专业人才，所以在选拔人员的过程中，并没有绝对的专业限制。

赵老师：在今天来的同学中就有国际关系学院的同学们。人大的学科培养本就是互相渗透的，我们强调对于复合型人才的培养。

学生提问：据我了解，新闻广播去年只进了两个人，其他的板块也是这样的吗？学习新闻专业的我能否选择去其他的板块呢？另外，"欧美音乐"的定位是怎样的呢？

周主任：我们每年都有新鲜血液的注入，但是具体的招收人数需要依据各部门的需求数目而定。我们选拔人才时，学科指向性不强，我们更看重的是你在大学阶段所学到的方法。人大的学生这么有能力，相信你们一定能胜任各种工作，机会在向你们招手。

李总编："欧美音乐"是我分管的。总局那边对于频率的控制很严，我们能拿到这个频率是很荣幸的。因而我们格外珍惜，反复考虑它的题材。最终考虑主打欧美音乐，因为北京国际化大都市的定位很清晰，人口素质在不断提高，能够接受欧美音乐的人数在不断增加，我们理应推出高端、服务性强、针对性强的"欧美音乐"频率，以填补市场的空白。我们一定要发挥地域优势、人才优势，并依托伙伴关系加大宣传。"欧美音乐"会和新媒体一起推，满足大家的需求。这次尝试的结果将关系到北京电台未来的发展方向。

学生提问：您刚才说到新媒体的冲击导致了听众的流失，那么咱们应该如何应对这个挑战呢？

李总编：我们从来没有间断过创新，北京电台发展到今天，在市场、获奖、创收这些方面，我们都是全国数一数二的。迎接挑战，我们需要更好地完善自我。栏目创新之外，我们在产业发展方面也有新的动作。当然，最终的结果还有待时间的检验，只是我们一刻都不能拖延。对于社会你们可能还是没有充分的认识，我想对大家说，你们的选择一定要出于你们的热爱。只有热爱，才能甘于寂寞，才能有所成就。

学生提问：我是国际关系学院的学生。我非常希望来北京电台工作，但我认为我的专业是劣势，主要体现在我对相关的工作了解程度不够。周主任能否为我提一些建议呢？

周主任：你希望来北京电台工作，我真的很高兴。只有一个建议，那就是从现在开始听广播吧。只有当你了解一个事物之后，你才可能真正地爱上它。广播是用声音去表达一切的，这是一件很奇妙的事情。希望明年我们招聘的时候，咱们能有更多的共同语言，彼此加深了解，才能更好地接纳对方。机会对于每一个人来说都是均等的，大家都要努力！

名企降临，点亮职场

主讲嘉宾：

李佳瑶　高伟绅律师事务所北京代表处人力资源部
冯　华　施耐德电气中国区招聘与雇主品牌高级经理
祁瑞峰　史宾沙公司科技、通讯与传媒业务组成员
王亚利　京东集团招聘渠道负责人

实录节选

冯　华：态度决定行为在任何公司都是一样的。很多人进入一个大的行业里面，不清楚他的未来在哪，他的视野或者工作方式会把他限制在那，所以我们要在做好自己工作的基础上把自己的视野放宽。还有一点，有很多做产品的很牛，但是现在在发展的过程中，靠一个人是玩不转的，你很可能要和比你低一级的、和你没有任何关系的人去合作。有的人一个人是一条龙，但是推动一个东西是他一个人根本完不成的，就需要和团队达成一致的目标来推进这件事情。最后一个是我比较有切身感受的，这两年我们招了很多高管，发现很有意思，有的人30多岁就已经在很高的位置上，他还在不断吸收、不断学习很多东西，感觉他在不断地学习。事实上你每做一件事情，新学一种东西，就能够换一种思路，包括你

去教别人，也可以学到东西。

王亚利：刚刚有人提到过，为什么互联网公司就是"女人当男人用，男人当牲口用"？其实京东真的是这样一种文化，非常快速，非常有激情，而且非常累，加班强度很大。所以，我们不管是在做校园宣讲还是在社招的时候，都会跟应聘者说，如果你们愿意付出努力，且坚持你们的梦想，那请加入京东。

祁瑞峰：回想我过去 20 年做业务的经历，基本上是早上 8 点到晚上 12 点，一年 365 天是常态。所以大家要想在事业上有所追求的话，你要找到自己的热点，你可以一直承诺往前走，因为，坦率地讲，五年你每天干到晚上十一二点，如果你十年十五年二十年坚持如一日，背后一定要有一个很强的推动力。这个推动力不光是钱，甚至不光是事业，还要有一些其他的东西。

大学和刚毕业的时候是最可以犯错的时候，为什么呢？因为没有什么可以失去的。这个时候我建议大家可以去想想自己的定位，首先看自己适合什么，如果找不到自己适合什么，那就去找自己不适合什么，这是一个排除法。然后找到以后，你去找到一个职位或者是一家公司，不一定是在一家公司，但是在一个部门或是在一个职位上至少做三年到五年，这样才算是在打基础。我们经常说你基础打好了以后，可以多样化发展。但是你一开始就跨了职位、跨了部门，在不同的职位之间，你如果跨得太大了，基础不牢固，将来可能永远在底层那个职位上转。所以奉劝大家，所有成功的人，不管他后面怎么跨，他前面，至少头五年是在一个部门把基础打得非常牢，要非常投入地去做事。所以呢，之前想好，然后在头一两年你可以去寻找，一旦寻找到合适的职位，你就在这里深入发展。另外一个，其实就是我说的这个驱动力，驱动力其实有很多，使你可以二十年如一日每天辛苦。我自己就是在学习，不断地每天都能学到新东西，就是一个很享受的事情。

最后给大家一个测试，很多人都想创业，但是各个行业其实都很辛苦，你可以用这个来试一试自己的勇气和决策。这是我刚进大学的时候，我们老师给的一个测试。你去做一件你非常不喜欢的事情，做的过程很难受、很痛苦，但是你之前从来不做，你把它坚持很久。比如说，跑马拉松，我原来两百米都跑不了的，我现在可以跑马拉松，这个是对自己精神和坚持的测试，也是一个考验。

学生提问：请问各位嘉宾能不能谈一谈对国企的了解，或者是对其职业发展的相关情况进行介绍。

王亚利：今天我仔细倾听这些嘉宾的分享，我听到了一些关键词，第一个是归零的心态，第二是持续地学习，第三是永远坚持不懈地努力，其实这些词到国企里同样适用。大家可能会想，外企很累，但是我觉得一个优秀的国企它也不会放过你。对于任何一个地方来讲，努力的人都会成为优秀的人。总结起来，国企因为它受到的制约比较多，个人建议，性格不是特别张扬、外向型的同学，可能会适应一些国企比较平稳的工作，以适合国企有比较长的平台期的职业发展过程。另一个要分享的是，职业的成长，对任何人都一样，要努力，给你的事情你要做好，如果到手的事情你都做不好，那下一次你就没机会了。

再讲一下国企的薪酬。国企的定薪会有非常规整的规则，就是"涨幅两低于"——薪酬的增幅要低于经营收入的增幅，还要低于利润的增幅。对于表现特别好的，也可以通过岗位的调整、嘉奖等方式来突破这个界限。

职位调整的话，从员工到主管，一般是两到三年，主管再到部门的副总经理，表现很优秀的情况下，也是两年左右。再从部门的副总经理到部门的总经理，这个看运气，金字塔尖只有一个嘛。

冯　华：我给大家的建议是你首先不要想太多这些企业会怎样的事情，因为在目前，在市场变化的情况下，中国的国企、民企，它们的发展其实要远远超过外企，而且它们对你的表现，对你个人成功的导向越来越强。一个饭碗不可能像以前那样，端着就打不破的，这一定是一个趋势。你要问自己你想要什么，能付出什么。你如果只想"钱多活少"，那对不起，这个世界上没有。

学生提问：我们知道未来我们面临的肯定不会一辈子都是同一个职位，可能会有转行或者转专业的情况，会不会我们进入政府、国企之后出来不受欢迎或难以适应这个社会？

祁瑞峰：不会。美国的市场，政、商、学是通的，中国没有通，但是未来逐渐会通起来。说"国企、公务员要三思"不是说它好不好，而是指性格方面你得有个考量。比如说要对自己有个定位，知道什么合适你。这个世界上的选择，只有相对的，没有绝对的。中国的公务员很辛苦，中国的公务员是无限责任，那个压力是你们不敢想的，背后的投入和收入的回报是不成正比的。有的人做公务员能坚持下来，你的诉求一定不仅仅是金钱或是某些成就，你肯定有些大诉求才可能坚持下来，否则你就会走到别的地方去。

学生提问：各位嘉宾好，我暑假的时候参加实习生招聘，然后遇到了一个困惑，这么多场面试下来我发现，HR问的问题都差不多，来面试的实习生的回答也都差不多，而实习公司的HR告诉我，选谁都是凭感觉的。想请问各位，你们招聘的时候是怎么看感觉的？

李佳瑶：我们招实习生就是要招一张白纸，他可以有更好的涂画，但是不能有乱画，当他乱画的时候，把他清洗了再重新画的成本太高了，还不如社招的人。所以建议在座的所有同学，如果你们要找自己的实习工作的话，一定要谨慎，我比较倾向于比较知名的外资企业，因为它们整个HR的体系和理念是几十年沉淀下来的。

冯 华：有时候，学生接受的信息太多了反而会变成一个模子出来的。我现在最痛苦的是，桌子前坐了一圈面试的实习生，每个人说话的方式都是差不多的。所以这个时候我的一个建议就是，回答问题的时候，带着自己的思考，带着自己的想法，不要总跟别人一模一样。如果完全和别人一模一样，你将来就没有办法脱颖而出。而且你跟着别人去做实习的时候要带一点批判的眼光，你要有一些判断，判断我师父教我的这东西是对的，还是不对的。

王亚利：我觉得其实有时候也会靠感觉，但是这个感觉是基于我对这个企业的了解，要判断企业文化、价值观和你是不是匹配的，所以我觉得这个"感觉"可以归结到这一方面。

走近金融街

 嘉宾简介:

　　聂杰英　中国人民大学 2006 级校友，现任北京市西城区金融服务办主任、党组书记

嘉宾语录:

　　CFA、CPA、FRM、ACCA、保险精算师等都是很稀缺的人才，应尽最大努力考取相关资格证书。英语能力也需要提升，以适应各大机构"走出去"的战略。

实录节选

聂杰英演讲:

一、金融街发展的总体情况

　　关于金融街的设想，起始于 20 世纪 80 年代末期，在西城区旧城改造的背景下，1992 年 6 月，金融街建设与发展拉开了序幕。经过 20 余年发展历程，金融街已经成为集决策监管、资产管理、支付结算、信息交流、标准制

定为一体的国家金融中心。金融街占地面积为 2.59 平方公里，总投资额超过 1 500 亿元。

规模总量突出：机构资产规模 73 万亿元，约占北京资产规模的 80% 与全国的 50%；日均资金流量超 5 000 亿元，接近全国三分之一水平，而上海只有 13%；金融从业人员约 18.5 万人，占北京的 70%，其中半数以上为硕士学历，有"海归"背景的约为 10%；占北京金融业增加值的一半，三级税收超三分之一，是北京最重要的经济支撑。

金融街机构引进体现了金融改革与发展，包括：全国中小企业股份转让系统；服务性、研究类的组织与机构，包括中国上市公司协会、中国保险业资产管理协会、中国支付清算协会、互联网机构、北京证券期货研究院、金融衍生品研究院；大型金融机构在综合化改革过程中的子公司，包括昆融投资、北银金融租赁；大型国企在市场化改革中成立的金融板块机构，包括各类财务公司、资本控股公司等，可以解决集团资金整体的运作问题。

金融创新中心职能：体现了最新的改革与创新的产品和成果、标准体系，包括跨境人民币结算、贷款利率管制的全面放开、人民币国际化、利率市场化等。互联网金融方面，重点支持传统金融产业与互联网金融创新业务发展，在互联网金融服务机构的引进方面，引进有实体经济作为保障的，保证未来发展相对平稳。

（一）总部优势

1. 金融类总部：金融监管机构（一行三会）、四大商业银行（中工建农）、三大政策性银行、证券公司（资金运营规模较大的银河证券、第一个上市的宏源证券）、保险（中国人寿、中国人保、中国再保险集团）、全国性的金融协会组织（除黄金交易协会在东城区）、新兴金融业态（四大资产管理公司、股权投资、创业投资）等。

2. 其他行业大型企业总部：五大电力集团（大唐、华能、国电、华电、电力投资）、三大电信运营商。体现多元化业态。

（二）多层次的资本市场建设不断取得突破

为达到成为国际金融中心的目标，需要建设真正意义上的资本市场。

1. 交易市场：新三板、北京金融资产交易所。

2. 要素市场：北京产权交易所、北京石油、环境交易所、全国银行间交易市场。

3. 与市场交易相关机构：中国国债登记系统、中国证券登记结算系统。

（三）综合承载能力与城市功能显著提升

金融街是定向开发的第一个高端金融产业开发区，为达到产城融合、确保城市功能整体提升，需要有良好的城市管理与城市建设的基础条件。其电力设施发展水平、通信技术、交通等已达到世界一流水平。

二、金融街机构总体人才招聘需求

毕业季的招聘流程为每年的9、10月份出第二年用人计划，紧接着进行首轮招聘，部分企业在第二年2、3月份会进行补招，但规模较小。同时，外资机构会在前一年9、10月份出暑期实习公告，选拔出第二年的暑期实习优秀人选。针对企业用人需求，分别从硬实力与软实力两方面提出建议。

1. 硬实力方面，分别从学历、院校、专业、外语、证书等方面分别进行阐释。

学历要求方面：国有大型商业银行以学历为导向，硕士优先；中小型金融机构中，操作性岗位本科即可，核心岗位需硕士起步；外资机构方面，本科、硕士上升空间无区别。

院校方面：国有金融机构编内员工要求一本院校，派遣制柜员要求二本；外资银行大部分有几所目标院校优先选择，如摩根大通要求本科清华、北大、人大、北外（商学院）、对外经贸（会计审计）。

专业方面：具有金融、会计、法务等相关专业背景的，相对录用比例较高；对管培生的选拔，则对专业无明确限制（如汇丰的银行家管培项目）。在专业方面，更强调通过专业学习与实践所形成的专业素养，例如即使是中文专业，能够将想法以文字方式上传下达也是很好的素质，当然，单纯语言专业的同学也要多涉猎一些其他的知识。

实习方面：各机构对其重视程度越来越高，因为在实习中能够培养实习生更加关注相关领域动态的习惯。

2. 软实力方面，着重强调责任感、团队合作精神、诚信精神、敬业精神、职业道德与人际沟通能力等。当然，这需要学生时代日积月累的沉淀，并非可以速成或伪装。所以，学生时代还是要珍惜每一次锻炼自己的机会。

综合以上建议，希望大学生们在还没有定型的学生时代，能够提早进行人生规划，不断提升自己。

我们选择了行业，还是行业选择了我们
——怎样从校园走向保险行业

嘉宾简介：

杨　艳　中国人寿财险人力资源部高级主管

周文霞　中国人民大学劳动人事学院教授，职业开发与管理系主任

嘉宾语录：

对于职业选择，我们先要明确方向，知道自己喜欢什么、适合什么，然后要为了自己的职业目标做相应的准备，做好职业规划。就业是一种缘分，但是我们可以做到的是充实自己，在机遇到来时抓住机遇，获得成功。机会是留给有准备的人的。

节目实录

首先，杨艳女士向同学们介绍了个人及所在公司情况，并就保险行业的发展趋势做了大致讲解。下面将杨女士的访谈内容择要摘录。

主持人：您当初是怎么选择进入保险行业的呢？

杨　艳：不是我们选择了行业，而是行业选择了我们。就业看缘分，但这个缘分不是白来的，前提是你要有充分的准备，包括应聘的时候要注意自己的外表和仪态；对自我介绍有所研究，可以提前准备；在无领导小组讨论的时候，对于自己的表现要成竹在胸。

周文霞：你当时应聘面试时候的情景还记得吗？能否给大家说一下并介绍一点经验？

杨　艳：首先自报家门，介绍自己毕业于中国人民大学，人大在社会上认可度很高，这是一点优势。其次，我会聚焦在我自己的优势上，比如说本科和硕士读书的费用以及还助学贷款的钱都是我自己打工兼职挣来的。另一方面，我的学分绩点很高，作为学生来说成绩也是很重要的一部分。

主持人：您说找工作靠缘分，那么我们怎么争取这种缘分呢？需要做哪些准备？

杨　艳：第一，要明确方向；第二，要做好准备；第三要果断下手。首先，你一定要知道自己到底要什么，到底什么工作更适合你。其次，现在有很多获取求职信息的渠道，比如微信、各单位的网站等。在应聘之前一定要对目标单位的各种情况有所了解。最后，一旦认定目标就要全力以赴去争取。

主持人：您能就您所在的中国人寿财险公司介绍一下现在保险行业相关的情况吗？

杨　艳：保险行业目前在世界上属于朝阳行业。平常大家接触到的保险业务推销员都是不正规的保险代理商。但是作为中国人寿，我们所有的建制和员工都是合规的，包括内部流程。

学生提问：您在人寿财险的工作和生活中的感受能和我们分享一下吗？

杨　艳：不同的企业有不同的文化，所接受的锻炼也不同，同样是央企，内部建制有很大不同，所得到的锻炼也是不同的。

学生提问：您在大学毕业做未来规划时是怎么考虑的？

杨　艳：从事什么职业和你的家庭背景、性格、专业、兴趣都有关。我当时继续读书有两点考虑：一个是希望获得硕士学位作为更好的敲门砖；一个是我也很喜欢人大的学术氛围，希望在这里继续深造。

学生提问：您怎么看待上学期间实习的问题？

杨　艳：适当实习一下锻炼自己是应该的，但不应影响学习，如果为了实习而翘课就是不务正业。大学是人生最后一块堡垒，出了这个门，你就很难找到一个很长很安静的时间来充实自己。我们可以在不影响学习的前提下，适当安排实习。

学生提问：那么您在实习的时候都做了什么工作呢？

杨　艳：我在实习的时候做的工作比较基础，与人力资源相关。比如对公司应聘者的背景调查、筛选简历等。

主持人：您能和我们分享一下应聘的流程吗？

杨　艳：一般我们公司笔试、面试会有好几轮。首先是简历筛选，主要是针对公司专门招聘网站上的有简历号的简历；之后是统一笔试，类似于行政能力测试，考查的是处理问题的能力；接着会有一个专业笔试，与专业相关；最后就是面试，我们第一轮叫综合面试，会考察综合分析、语言表达、形象气质、抗压等能力，之后还会有各部门的面试，或是总裁单独面试。

周文霞：在学校社团或其他学生活动方面你对大家有什么建议？

杨　艳：我很惭愧，因为在本科期间我几乎没怎么参加过社团活动。上了研究生我也发现自己在这方面有欠缺，于是就毛遂自荐做了班长，组织了一些活动。每个人有每个人的规划，有的人也许就是热衷于社团活动，以后想成为一个社会活动家，那么你就放手大胆去做。另外，大家要培养自己和同辈人、同职级人相处的能力，这点在工作岗位上很重要。

学生提问：您觉得在学校所学到的专业知识对日后工作的作用大吗？

杨　艳：所学的专业知识有潜移默化的影响，如在同一个问题的理解上，我就和没学过人力资源管理的人会有不同的看法，有时我的见解会更深入一些，这都归功于专业素养。

探秘法律行业

嘉宾简介：

> 尚伟鹤　美国威尔逊·桑西尼·古奇·罗沙迪律师事务所律师
>
> 张一鹏　英国富而德律师事务所律师
>
> 邹　钦　美国达维律师事务所律师
>
> 郑小敏　时任中国人民大学法学院党委副书记

嘉宾语录：

> 不管选择什么职业方向，其所运用的思维方式、语言、文字、解决的问题都是相通的。个人能力方面的培养不是重点，法律共同体需要的个人素质的培养才是根本。

节目实录

主持人：在座的各位都是律师行业的翘楚，请问一下，你们为什么选择法律？如何才能学好法学呢？

邹　钦：小时候觉得律师特别酷，自己也很喜欢思辨的过程，再加上当时中国社会有一些变革，觉得法律可能会非常有用，最后就进入了法律的大门。

张一鹏：我觉得选择专业或者职业主要看两点，一是你擅长的，二是你喜欢的，只要你能学进去就都能够有所成就。

邹　钦：美国的法学教育培养的是思维能力，人大的这种教育模式有很好的结构性，为大家思考问题提供一个很严谨的思考模式，各有千秋。

主持人：关于大学学习期间参加的实践活动和实习，请问在座的各位有什么看法？应该选择哪些领域实习？应该怎么选择相关的阅读书籍？

张一鹏：关于公法私法领域的选择，需要考虑的，一是兴趣，二是找工作的对接程度。关于实践活动和实习，对未来的工作很有帮助，一是可以发现在校学习的知识和工作中实际需要的有很大差别，二是会发现在校学习的基础知识在工作中还是有很多闪光点的。

主持人：那在工作中需要注重哪些知识和能力的积累和发展呢？

张一鹏：第一是法律知识，第二是外语，第三是金融经济等泛泛的知识。另外，学习能力也很重要。

主持人：对于在校的学生，我们应该怎么准备？怎么分配学习的时间和精力呢？

张一鹏：学好专业课，学好英语课，有时间的话选修一些外院的专业。

主持人：您能不能对于考美国的法学博士（JD. Juris Doctor）提供一些具体的备考经验呢？

邹　钦：做题！

郑小敏：关键是努力！

张一鹏：不要有太大心理压力。抱着一种轻松的心态去尝试，能拿到最好，拿不到也没关系。

主持人：想请问一下郑老师，关于毕业后的去向，比如公务员、律师、教师、科研人员等，您有什么建议？

郑小敏：不管选择什么职业方向，其所运用的思维方式、语言、文字、解决的问题都是相通的。个人能力方面的培养不是重点，法律共同体需要的个人素质的培养才是根本。

学生提问：我是大二本科生，能不能去外资律师事务所工作？应该做什么准备？

张一鹏：可以。但心理和生理上的承受能力都要非常强！首先，参加考试是对心理的一次摧残；其次，与工作特征有关，比如律师的工作时间很长，甚至可能通宵工作，平时可能经常加班，这些都需要心理、生理上的承受能力。

主持人：我觉得需要做的准备就是要简历上好看、脑袋里丰富，适合自己。不知道师兄师姐还有什么高见？

邹　钦：准备就两条，一是找到自己想做的事情，二是要有抗打击能力。

张一鹏：虽然熬夜了，但是参与其中，辛劳有了成果之后，还是很有成就感的。但是就个人而言，我不鼓励大家熬夜，那样对身体不好。

郑小敏：不断学习，在行业中不断和精英人士接触、学习。

学生提问：我是学金融的，有读 JD、LLM（法律硕士）的想法，您怎么看？

张一鹏：JD 学费是 LLM 的三倍，学金融的话没有读 LLM 的资格，不过还是可以读 JD 的。

郑小敏：我这里有一个数据给你做参考。人大法学院每年的毕业生 150 人左右，出国的 50 人左右，读 JD 的不超过 5 人。若你能承担得起，可以试着申请一下。

学生提问：张师兄，之前有在法律援助中心看到关于您的一些相关介绍，想问一下是什么原因让您留在法援那么久？

张一鹏：兴趣。因为在法援中心不仅能够将自己所学的法律知识与管理有机地结合，而且还能和其他人一起管理，一起招人，同时还涉及一些与外部营销相关的东西等等，感觉积累了很多有用的经验。

主持人：能不能提供一些求职过程中具体的技巧呢？

邹　钦：要有强大的心理承受能力。从面试官的角度看，看简历首先看英语好不好，有没有语法错误，然后看排版好不好。细节很重要。

学生提问：我是研究生，想要跨专业选修，怎么学习比较好？在律师事务所有没有年龄竞争？

郑小·敏：法学院的人都比较讲究体系性和知识的完整性，其他学院的学生可以直接进入部门法的学习领域。

尚伟鹤：律师事务所的人会有一定的级别划分，有些竞争力比较弱或者显现不出优势的都选择了转行。

走近四大会计师事务所

主讲嘉宾：

> 王俊杰　安永华明会计师事务所（特殊普通合伙）
> 交易咨询部并购整合服务合伙人
> 任喜凤　安永华明会计师事务所（特殊普通合伙）
> 北方区人力资源部高级职员

专家：

> 赵锦兰　中国人民大学商学院党委副书记

嘉宾语录：

> 关于人才的培养，第一要把英语学好，第二要把自己的学习能力培养好，有机会的话就多多实习。因为真正在社会上发展得好的，不一定是学习非常好的，而是打交道的能力特别强的学生。在大学一定要好好学，因为学校安排让大家学的东西都是有用的。

讲座实录

主持人：我们都有听过以四大会计师事务所为代表的专业服务行业，但是大家都不甚了解，能不能请王先生给我们讲一下相关业务和行业的发展情况？

王俊杰：服务业是一个涉及面很广的行业，包括咨询、传媒、公关等，这个行业并没有大家想象得那么神秘，只不过它提供的是一种无形的服务。安永对员工的要求归纳起来有三点：第一，要有很强的学习能力；第二，要有一个好的心态；第三，要有很好的抗压能力。

主持人：赵老师，您能不能以商学院为例，谈谈这一行业的就业情况呢？

赵锦兰：四大会计师事务所一直是和商学院合作的最大雇主之一，学生就业方面近些年来也有很大的变化。去年商学院毕业生从事服务行业的人少了很多，但是有一个比较好的变化是四大会计师事务所的需求更加多元化了，企业和人才的要求也在逐步配套中，这就为学生提供了更多的机会和选择的权利。

主持人：专业服务行业的用人单位在用人需求和选拔人才方面，对专业学历和实习经历有什么要求吗？

王俊杰：任何专业的应聘者我们都欢迎。我们在用人上也有其他的一些要求：第一，很强的学习能力；第二，逻辑分析能力；第三，沟通能力，其中包括团队合作能力、有效地表达自己的想法和观点的能力以及在工作中的合作能力等。另外，我们非常看重英语。

主持人：谢谢王先生的介绍。能不能请王先生说说审计部门和您所在部门的区别？

王俊杰：性质不一样。我们部门的工作更多样化，审计部门主要负责检查报表等文件有没有问题等。

主持人：接下来请赵老师就人才培养改革政策谈谈自己的看法。

赵锦兰：人才培养改革变化比较多，每年都有新的本科生人才培养路线图出台。今年培养方案中的通识教育，就打破了过于专业化的教学模式。同时，与往年相比，今年的培养路线更注重学生的实习实践和英语口语，这也与四大会计师事务所对国际化的高要求和强实践性相符合。政策出台后，雇主更多地参与到了招生的环节，我们也和他们一起讨论学生的课程问题。

主持人：王先生您能不能说说就业后职业发展路径的问题？

王俊杰：发展对每个人来说都很公平。一般开始两年是转型阶段，中间有三年的工作阶段，然后有考核阶段等。公司每年都会有评估，通过个人能力的评估确认相应的职位。

主持人：能不能请任女士为我们介绍一下安永的实习申请程序呢？

任喜凤：安永的实习生大规模招聘基本都是在寒假，招聘通知在十月份左右发出。招收实习生时，要求英文能力比较强，有很好的学习能力的任何专业的人通过的机会都比较大。元旦以后会确定实习生，实习期从四周到两个月不等。

学生提问：刚刚王老师说过，刚进入公司时压力比较大，这些压力主要来自哪些方面呢？

王俊杰：角色位置的转化。

学生提问：请赵老师和我们说一说测评软件的相关情况可以吗？

赵锦兰：学校的测评软件对大三的学生已经开放，但是对大一的学生还未开放，如果在座的大一学生需要这个软件，可以向学生就业指导中心提出申请。

学生提问：我想问一下企业对员工职业发展的看法，如果员工有更好的工作机会，公司会持什么态度？

王俊杰：理解，支持。我们很清楚地知道不是所有的人都能在这一行业一直工作下去，所以我们希望我们现在给他的工作经验，能为他以后的工作做准备，我们会抱着一种开放的心态来看待。

在学校的时间很宝贵，浪费了就再也追不回来。要珍惜时间，多尝试、多努力。但是学习之外，还要注意自己业余生活的丰富性。

任喜凤：Be yourself! Creat your future! 坚持自己想要的并为之努力。

赵锦兰：要有责任心，要珍惜实习的机会，挖掘自己的潜力，发展自己的职业道路！

互联网行业需要这样的你

嘉宾简介：

李继任　搜狐集团人力资源经理
董翔鹤　搜狐集团新媒体事业部高级设计师
别　敏　中国人民大学艺术学院党委书记

嘉宾语录：

早规划：测试自己的性格适合什么样的工作，不断地去细分，先分一个大的领域，再划定到某一个行业，再到某一个企业，综合参考。在大学期间，从两方面打造自己：一是专业能力；二是课本之外的知识，比如去企业实习。动态地理解社会，把基础打扎实。

没有捷径可走，不知道门在哪的时候，就要不断地去寻找，要多去体验、多出去走走，不断地发现生活中的美，作业和功课完成就行，积累很重要。

节目实录

李继任：搜狐属于互联网比较老牌的公司，张朝阳自己也强调创新、包容，弹性很大。我们公司内部文化主要有两种：一种是好人文化，注意在这里强调的"好人"是指，品质好、正直善良讲诚信，态度好、工作方式好，大家互相协作发展。第二种是证明文化，在搜狐工作整个宽松度比较大的，大家尽情发挥，在工作中结果导向是比较明显的。

董翔鹤：在搜狐做设计有一个比较宽松的环境。搜狐新闻客户端在逐渐发展的过程中，渐渐有积累，领导也不会干涉太多，有自己的方案就自己搞研发，老板只会看你的方案是什么，如果你的方案是合理的，就可以去做。我们每周都有一次分享，大家都会发表自己的见解，就像乔布斯说过的：苹果是经过一个不断碰撞、不断打磨的过程，才最终成为鹅卵石的。

主持人：我们也相信搜狐平台很强，只有在这种很强的平台上才能充分发挥自我的价值，也会给公司带来更大的价值！那么接下来我们把时间交给在场的同学们，这个宝贵的机会可不要错过，可以面对面地和顶级企业的老总进行对话。下面有请穿红色衣服的同学进行提问。

学生提问：我是一名大四学生，现在的想法就是想进入电商平台公司，如果可以的话更想留下来。

学生提问：我现在就读于人民大学艺术学院艺术史和管理专业，也学习经济学方面的、主要是微观经济学方面的课程。我最近也在研究新媒体 app store 等，有一次我去餐厅点菜的时候就想能不能也进行一些这样的应用。我了解搜狐的关注点在逐渐地向手机客户端转移。这是新媒体的趋势。

别　敏：今天搜狐来到人大，企业最关注的是自己的产品在市场上需要检验。我们作为学校，作为老师，也可以这么理解：学生也是一种产品，我们培养的学生在学校里接受教育，以后都要走向社会，接受社会的检验。那么我们的产品究竟会怎么样，也关乎着学校的发展、荣誉。

主持人：非常感谢老师画龙点睛般的提醒，综合素质确实是同学们在平时的学习生活中应当注意加强的。那么大学生应该怎么样做好职业定位呢？

李继任：抛开提纲，我们以前也是有困惑的，我也有一些心得和教训。有些人工作了15年，也不一定清楚自己要干什么，但是有些学生就特别清楚自己要什么，另外一部分学生自考上大学后就没有压力，吃饭、谈朋友，生活无忧无虑。总之一句话：早规划。测试自己的性格适合什么样的工作，不断地去细分，先分一个大的领域，再划定到某一个行业，再到某一个企业，综合参考。在大学期间，从两方面打造自己：一是专业能力；二是课本之外的知识，比如去企业实习。动态地理解社会，把基础打扎实。

董翔鹤：我本身是一个没有规划的人，但是我知道我想要的方向，虽然走了很多弯路。所以要早一些知道自己想要的东西。搜狐虽然好，但还是要看适不适合你。现在很多工程师出来创业，比如之前百度的一位工程师出来创业做小龙虾。他们有设计方面的思维，但创业要多动手、多练，没有捷径可走，不知道门在哪的时候，就要不断地去寻找，不要读死书，不要老泡在自习室、图书馆，要多去体验、多出去走走，不断地发现生活中的美，作业和功课完成就行，积累很重要。

主持人：怎样在招聘的过程中发现那些有潜质、会对公司的发展起到重要作用的人才？

李继任：这个问题问得好。最重要的是简历，我们会在简历中发现相关信息。有很多同学所经历的工作和自己的专业没有多大关系，我们通过简历先看基本层面的东西，你所接触到的一些事物。你的抗压能力怎么样，你的实习经历。如果在你的简历上所呈现的仅仅是一些发小广告的经历，我们就认为不太适合，所以尽量找一些大的公司去实习，世界500强更好。不过我更看重的是沟通能力和理解能力。

学生提问：老师您好，我是大二学新闻的，关于新闻客户端领域，我想请教一下董鹤翔设计师，学新闻的在你们的团队里是个什么样的地位？

董翔鹤：我们有自己的运营，我们的团队里都是设计师。

李继任：搜狐主要是做生产的，我们特别欢迎人大学新闻的同学。不过据我所知，人民大学新闻专业在全国排名第一，毕业后大家倾向于去传统媒体和平面媒体。关于网络媒体，包括门户网站，媒体形态都会有变化，大多数是在手机客户端上看到。关于新媒体的发展，企业要做一个自我革命，搜狐这两年的总编辑都是从原来的传统媒体过来的，几乎每一个频道都有来自传统媒体的同事。这个就供大家参考吧，从意识上，大家的择业观念要进行一些适当的调整。

学生提问：老师您好，我是学管理的，感觉学的东西很多是非常虚的，在书本上是没有的，比如说 HR，它的分工也是非常细的。学的东西关于 app 舞台灯光我最近也想了很多。

董翔鹤：你要做 app，你应该去想，它有些什么功能，你把这些考虑清楚，就知道干什么了。你在设计产品的时候，不光要考虑自己的利益，还要考虑客户的利益。

学生提问：在座的应该都是我的老师，所以我就想冒昧地请教李经理，我是艺术学院新媒体方向的学生。我知道人生的积累很重要，所以也会做设计之外的东西，在艺术行业跨专业学习是一个重要的学习途径。做设计牵扯到对市场、经济、心理学的学习。我担心的是，行业魅力非常大，我就有点力不从心。传播的力量非常大，比如说我现在和您说话也是在传播。我有时候会考虑"这种工作到底适合我吗？"等一系列问题。

李继任：能感觉出来这位同学非常焦虑，想要的太多。每个人刚开始对各种领域可能都很感兴趣，但要以你的本专业为主，将不重要的东西剥离出来，方向有了的时候你持续去做就好了。怎么做取决于你自己，要不断地去思考，不断地去追求上进，规划太细是不可能的。关于别人的企业文化，当我满足不了人家的 5 点要求，那就这样想：我能不能满足其中的 4 点、3 点、2 点甚至是 1 点呢？不用那么焦虑，大公司内部也会有很多帮助的体系，只会越来越好的，慢慢进步。你基本的东西有了就好。

董翔鹤：把自己当成一块海绵，把周围的信息当成是水，不断地吸收就行。

学生提问：您好，我是人民大学大二的一名学生，辅修人力资源管理专业，请问搜狐会考虑要大二、大三的学生吗？

李继任：大二到大三的学生我们会考虑，但就怕时间协调不好，人力资源是个舶来品，是源于国外的一种理念，将人力作为一种资源、让大家更舒服地去工作。我们更欢迎科班出身的同学。还是要看实习经历。不过话说回来，我们企业招人有时也是非常困难的，不只是你们求职难，我们有时也要花钱请猎头公司帮我们找。搜狐对于 HR 的要求：聪明、勤奋。（作为军师、服务者的角色）理解业务、理解别人的需要。

学生提问：您好，我是人民大学大二财政金融学院的一名学生，虽然以后我可能会出国，但是我想了解一下搜狐。我们以后的就业去向一般是投行、银行类的金融机构。

李继任：财政金融专业的学生我们招的比较少，毕竟有专业上的限制。应届生需要改进的地方：求职目标不明确。你的适应能力很重要，角色转换和情绪管理需要加强。在企业中，你的产品要接受消费者的考验，你要解决各种冲突。最早的学生是比较能吃苦的，不像现在，大家自我意识还是比较强的。要有归零心态，把自己当成机器上的一个螺丝钉，企业是一个大机器，你要迅速地找到自己的定位。

学生们不要太着急，在成熟的企业里，企业给你的回报和你的贡献是成正比的，头五年你都是学习期，下一个阶段是奉献期，再下一个阶段是输出期（管理者）。

学生提问：去大公司实习和小公司实习有什么区别吗？

李继任：建议去大公司实习，你的眼界就会不一样，站在巨人的肩膀上看问题。成熟的企业分工很细，要主动地去想，吸收企业的一些东西，建议大家多去实习，你的贡献越大，留下来的机会也就越大。

一 起 去 听 就 业 沙 龙

第二章 职业规划

因为规划，所以远行
——谈个人职业生涯规划与就业

🎙 **主讲嘉宾：伊力扎提**

中国对外经济贸易信托有限公司副总经理

实录节选

主持人：大家好，今天我们很荣幸地请到了中国对外经济贸易信托有限公司伊力扎提副总经理。伊力扎提副总经理毕业于中国人民大学人力资源专业，在国有大型企业相关部门任职多年，从业于电信、能源、金融等多个领域，对人力资源变革、并购以及人才管理工作在理论与实践方面都有丰富的经验。下面有请伊力扎提副总经理与我们分享他对职业生涯规划的经验与看法。

一、自己的大学经历

谢谢主持人，很高兴在这里见到大家。我是 1994 年考入劳动人事学院人力资源管理专业的，学人力做人力二十余年，面试招聘过的人很多，看到了很多毕业生的成长经历。对于毕业生，我想说的是在职业生涯中越早启蒙越好。今天的沙龙我想和同学们发自内心地一起探讨、思考一些基本的问题，这些问题对职业发展很重要。

1994 年我收到大学录取通知书很兴奋，但看到我的专业是人力资源管理时很惊讶，因为 1994 年没有人知道什么是人力资源管理。我当时报考的是金融，服从分配调剂到人管，所以我一到人大便申请换专业。我哥哥是人大经济系的，他劝我说学什么不一定干什么，加之学生处老师也劝我说人管在欧美非常流行，我便选择在人力资源专业学习，拉开了大学生活的序幕。

当时我在人大比较活跃，担任学院的学生会主席，校学生会常委，负责文化体育方面的活动，知名度很高。由于学生会工作与人管专业不谋而合，我经常白天上完课晚上就在学生会实践，人力资源管理工具化的知识得到了很好的应用，大学四年过得非常充实。

大学毕业后工作，前五年我在电信公司工作，在人力资源管理的岗位上经历了中国互联网的发展。之后进入中化，头十年做能源板块，之后五年做金融。从 1994 年开始，人大对我来说非常重要。相信我一句话：在人生中的某一天，你一定会发现人大的重要性，因为将来你会有一群素质相仿、志同道合、经历相同的工作伙伴、朋友以及家人来自人大。这些在生命中最精彩的年华结下的友谊对人生影响重大，所以同学们在大学里一定要学会分享，学会去经历这些最宝贵的东西。

二、对人力资源管理的一些看法

这里我想谈的是人力资源管理的问题。很多学人力资源管理的同学可能都会问一个问题，到底什么是人力资源管理？

1. 人力资源管理在中国的发展

在我们毕业的时候有一个现象：企业中的人事干部名声比较差。这是有历史原因的：大部分国有企业，人事部门的干部大部分都是军转干部，大量的国有企业的人事部门的主导思想是军事化的思想，即服从、纪律，把人固化，人事主管把每个人都当作机器和螺丝钉，这就导致了人事部门的传统与僵化，如命令调动不人性化。人事部门在企业中虽然权力很大，但是声誉不好，对企业发展起不到战略作用。面对中国改革的三十年，人事部门对人的激励没有发挥应有的作用。

之后彭剑锋等一批老师回国，带回了新鲜的思想。最著名的华为基本法的制定，强调对人的激励，中国人力资源专业出现了。当时企业对人力资源学生的需求非常旺盛，毕业生可以挑单位，这个比例是 7∶1。在过去的二十多年里，企业的人力资源发生了很大变化，而人大劳人院学生已经在各个企业的人事部门占据了重要地位。

2. 人力资源管理的三个方向、一个概念、三个阶段

除了人力资源管理的发展，我还想谈谈人力资源的三个方向，这是从人力资源管理的目的来看的。

第一是服务：人力资源部门在企业中承担了很多的服务工作；

第二是伙伴：人力资源部门要帮助业务部门应对人力资源管理问题，相当于外部咨询一样；

第三是专业：人力资源部门要运用专业知识，例如做职位分析、薪酬设计等都离不开专业知识。

做人力资源管理，我们有一个概念：人才管理，即怎样将人培训成为一个人才，以前招聘和培训是分隔开的，而现在人才的培养从招聘就开始。

下面说说自己对人力资源的认识。做人力资源要经过三个阶段：

第一个阶段是工具化，工具是最核心的，要求熟练掌握专业知识。

第二个阶段是要寻求人与组织的平衡。

第三个阶段是人性的绽放，现在人有太多的束缚，是否能给人才一个释放的空间变得很重要。这里说的释放是一个人对热爱和不热爱的事情的释放。就像体育的天赋，努力＋天赋＝成功。一个人做一件热爱的事和做一件不热爱的事的效果是不一样的。90后生活在一个很伟大的时代，虽然依旧有很多约束，但被约束的空间已经很小了。信息交流的程度已经大大提高，这个时候要把握住机会，把握住自己。现在的各位如果努力争取去干自己想干的事情，如果这一点能做到的话，可能就会成功。

三、职业生涯规划

现在我们来谈谈职业生涯规划。职业规划很难，但仍旧需要规划。

1. 从个人角度如何看待职业生涯规划

嘉宾：今天大家为什么来？

学生1：首先我负责就业沙龙这边的事情，其次师兄是同学院的，很想有所了解。

学生2：首先题目很吸引我，我来自信息学院，并不求职，只想听过来人聊聊天；其次我对您的少数民族背景很感兴趣。坐下来一听，觉得您讲得很好，特

别有兴趣听。

嘉宾：感谢两位同学的回答，我提这个问题是想说明人做一件事都是有目的的。

我们站在人力资源角度分析人时，会发现目的性导向的人容易取得成功。漫无目的地学习、实践，失败率很高。结合我自己的经历来说，我感觉企业与企业家对中国未来的发展影响将会越来越大，而在政治体系中的人不具备更强的创造力。政治体制会选用那些稳妥会办事的人担任职务，这是官场的逆淘汰原理。而我们社会的进步靠的是价值与能力。因此在企业中，将会引导面向市场的人、有能力的人、竞争的人往上走。

看清楚这个，我们就可以结合职业发展来看一看，比如我大四时想到一个问题，我要对国家社会有贡献，那就要去企业。去什么样的企业？第一感兴趣的，第二锻炼自己的。

我对自己的计划便是：头十年在企业搞人力资源管理，十年后不再搞人力资源，人力资源只是一个基础、一门技术。

由此可见，职业生涯的出发点是具有目的性的。同学们一定要多去实践，极大地去拓展自己的事业，找找自己的兴趣点，看看自己适合什么。有的事情要去验证去经历去发现。这是一个很好的办法。如果你毕业时就知道自己要做什么，一定会比别人少走很多很多的弯路。

现场演示：

现在咱们来做一个毕业生面试的现场演示。

我们来模拟一个央企的面试。

第一步：筛选。我们会用学历、学校等关键词，筛掉四分之三的应聘者。

然后快速浏览简历，留下 200～300 份有个性、有特点的简历。

第二步：考试（筛选）。

进行专业测试，留下大概 100 人。

第三步：快速小组面试，看人的整体感觉，把那些一看就感觉自大、自卑的人筛掉。

第四步：无领导小组面试。

给一个开放性问题，在旁做记录，观察应聘者的表达、参与、团队合作等各方面的能力。

第五步：各业务部门进行差额挑选，人力资源总监做最终面试。

最终面试其实是人力资源总监望、闻、问、切的过程，我们就来模拟一下这个过程。

嘉宾：请先进行一个简单的自我介绍。

学生：我本科就读于人民大学，在一个私募基金工作 1 年，在海外读硕归国。

嘉宾：你为什么要进入中化？

学生：中化企业治理好，企业品牌好，毕业生的提升空间比较高，晋升空间大。

嘉宾：你觉得你能给中化带来什么？

学生：第一，在人大期间，积累了金融方面的客户资源；第二，在信托方面的专务理财，从 14 岁开始做投资，有一定的经验。

嘉宾：你的投资理念、投资风格是什么？

学生：为接近退休、需要基金保障的人服务。投资风格是比较稳健的，尽量减少风险。

嘉宾：未来三年对自己的规划是什么？

学生：进入一个好的平台，发展自己。

嘉宾：说说自己的缺点吧。

学生：我有时候在生活上比较粗心，但在交易上是很认真的。

嘉宾：你还有什么问题么？

学生：没有了，谢谢您。

嘉宾点评：

我进行这个模拟是想要同学们弄清楚面试官想要什么。这位同学优点是很清楚的，他有工作经历，海外经历给人的感觉是他是个好学生，有经验，有特色。但他对于自己为什么做这个事情以及以后要去做什么事情逻辑不太清楚，不是自己规划出来的，而是被动的。不是热爱金融，而是因为自己的经历才做金融。没有表达出对金融的热爱。我要看到的是你的特质，比如热情、激情、对目标的追逐感、感染力。面试官并不在意你是不是一个完美的学生，但是希望你是一个有特色的学生。

这个面试的核心问题：你未来三年的规划是什么？

如果你没有一个短期与中期的规划，我会认为你缺乏规划、缺乏野心。比如好的回答可以是："我期望三年内能牢固掌握专业知识，成为不可或缺的人，并且在管理方面有所进步，成为负责人。"

最后一个，问面试官的问题很关键：这个问题的设计是想从一个问题去看一个人，一般人的关注点是什么，会在言语中体现出来，比如有的人会问薪酬、会问晋升等。但一个好的回答应该是让公司看到一些你的好的特质。比如可以这样说："我能够给公司做什么？我的专业能够为公司有什么付出？有哪些培训？（成长）我在入职前还需要哪些方面的提高？"

这些问题给人的感觉是你是一个主动思考、非常有想法的人。

以此案例为例，我想告诉大家的是一定要思考，思考你想要什么？自己对自己的选择要有一些想法。先就业再择业是一个侧重点，职业生涯是可以调整与优化的，但绝不意味着自己没有想法。不是说学什么就一定要去干什么。对自己的思考一定要去落地。

2. 从企业来讲如何看待职业生涯规划

现在公司有固定的人才培养体系"358"，即三年价值观培养，这是完成从学生向社会人的转变，最重要的是树立对公司文化的认同，也可以叫作"进模子"；五年干工作，分配工作任务，多干，也可以叫作"压担子"；这样经历八年后给工作职位。公司的人才培养绝大部分是以专业为出发点，少部分有横向交叉。但职业规划不能依托于企业，毕竟企业的资源有限，关键还在于自己。

有这样一句话："观念思想决定你的行为，行为形成习惯，习惯形成性格，性格决定命运。"我希望今天能为大家埋下一颗种子，第一做一个有目标有规划的人；第二能有大量的实践，去找寻和验证自己的目标；第三做一个有思考的人，平时思考越多，对你越有益。

最后要说的是，走向社会只有两个字：坚持。我是毕业五年后，班里最晚跳槽的两个人之一，在我看来坚持是一个非常宝贵的品质，不要轻易地换跑道。高频率的跳槽往往意味着这个人遇到困难时就跳槽逃避而不是想办法解决。所以企业很看重一个人的忠诚度，因为忠诚度的背后是坚韧与百折不挠的品质。所以，如果是你经过反复思考之后的选择，请坚持。

四、人生的三个十年

最后我想和大家聊聊我对人生的三个十年的认识。

我 23 岁毕业，进入社会的第一个十年，我的原则是"专业立人"，要把自己的专业搞好，成为人力资源专家。第二个十年，要学会去编织网络，学会团队合作，更多地依靠别人。经过十年的发展你已经有一定的凝聚力、影响力，而这个时候你就要学会去依靠别人以及让别人依靠，学会去织结一个关系网。第三个十年也可以说是人生的下半场，是时候要去追求有价值的人生，干你自己真正愿意去干的事情。去干自己的事业，追求梦想，不要为人生留下遗憾。

虽然生活里偶然性大于必然性，但是大学生还是应该带着激情、带着梦想去生活，不要庸碌，要追求精神与灵魂的舒展的状态，人力资源的问题不就是人性的舒展的问题吗？

主持人：很感谢伊力扎提副总经理的分享，下面是提问环节，欢迎同学们踊跃参与。

五、提问环节

1. 在简历中是否可以为了符合筛选条件编造不具备的素质？

答：在本质上不能造假，千万不要为自己留下不能解释的污点，要学会规避自己的短处。

2. 第一次工作选择大公司好还是小公司好？

答：原则是大公司做人，小公司做事，没有对错选择。在大公司容易机械工作，在小公司可以面面俱到。但成功没有定法，最重要的是要找到自己的兴趣点。对于自己与公司的关系，最重要的是自己的提高与积累。

3. 我周围的大部分同学的目标很不明确，职业规划的目标到底要多细致？这个度怎么把握？

答：在思考过程中要有远有近，只思考当下是不行的，当你站得高的时候，细节就会很清晰。比如我要成为一个有价值的人，为国家作出贡献，那么我就要去企业这样的最能创造价值的地方。这个由高到低的逻辑是成立的。大处着眼小处着手。如果从小处着手，会产生错乱的。还是那句话，如果你毕业时知道自己要做什么，你一定会比别人更容易成功。

4. 对于条件一般的毕业生，怎样去看待薪酬、户口等很现实的东西？

答：刚进社会一开始的艰苦是必然的，留在北京肯定会经历一段很清贫的时期，要做好心理准备。在户口与职业兴趣的选择中，请选择后者，不要为户口牺牲你感兴趣的职业。

5. 我们是应该在学校好好学习还是去实习？

答：大部分人认为学习是从课堂获得，但理论学习和实践学习都是学习的方式，我非常鼓励你们去实践，只有在实践中才能体会到对学习的迫切。

6. 我不知道自己想干什么怎么办？

答：去实践，去寻找，去试。

7. 我只是一个普通人，不优秀，不够自信怎么办？

答：每个人一定有属于自己的位置，对这一点一定要有信心，学会去对标，一步一步把事做好，螺旋式上升。

8. 作为毕业生，想把人管做好，最重要的特质是什么？

答：最重要的是专业化，其次是灵活性。人力资源强调工具化，强调协调性，这两点一定要做好。

9. 央企对毕业生很有吸引力，我们从央企能学到什么？

答：央企虽然存在很多问题，但是央企有一个很好的特质：平台高，规范化程度高，格局大，视野开阔以及非常好的对管理的诉求。在央企干三五年对学生的管理意识的培养非常好，但对创造力不是很好。

10. 您的最后十年的价值观是什么？

答：钱不是我的最大的动机，别人的成功会让我感到高兴，希望成为一个布道者，一个老师，一个宣传倡导事业的人。这些可能不会挣钱，但会让我感到很大的成就感。也有可能回到家乡去改变一些东西，通过自身的工作经历、自身的思想让一个地方发生一些变化。

国企的职业发展与个人成长之路
——人大校友职场分享会

 主讲嘉宾：

唐行智　中国人民大学 2010 级行政管理学系博士，现任
　　　　中国建筑一局（集团）有限公司办公室秘书
高　耸　中建一局人力资源部招聘经理、高级经理

讲座实录

主持人：各位同学下午好，欢迎来到第 37 期就业沙龙。我是今天的主持人，来自商学院的张曼迪。国企向来备受求职者青睐，人们普遍认为国企既能解决户口，薪酬待遇也不错，是就业的上佳之选。今天，我们有幸邀请到了来自中建一局的嘉宾们，请他们与人大学子分享自己在国企的工作经历。同学们在讲座过程中有问题可以举手示意，讲座最后也设置了自由提问环节，希望大家把握好这次机会，积极参与讨论。

唐行智：各位下午好，我是唐行智，是 2010 级行政管理系博士，现在是中建一局办公室秘书，服务于主要领导。中建一局是中国建筑股份有限公司的骨干子企业。中国建筑股份有限公司是全球最大的地产和建筑集团，是名副其实的大企业。

高 笪：各位下午好，我是中建一局的招聘经理，今天来到人大很激动，我们都特别珍惜这次来人大做这个活动的机会。希望大家更多关注中建一局，有更多像师兄一样的骨干员工加入中建一局。

主持人：请讲一讲国企更具体的工作内容。

唐行智：国企也是企业，企业的基本属性都有，说不上安逸，大家都很忙。我觉得不只是国企，各行各业都很辛苦，加班是常态。现在 20 多岁的同学，工作时间还很长，希望大家能把工作变成爱好。

主持人：当时选择中建一局是出于怎样的考虑？

唐行智：我觉得第一个职业应该首先选择大企业，大企业有很多好处，视野比较宽，培训多，在里面成长快，中建足够大，所以就选择了中建。

主持人：进入中建的招聘程序是怎样的？

高 笪：为什么你们的师兄能够今天坐在这里？因为师兄具备了一些其他人不具备的优势。

师兄作为博士在基层工作一整年，彻底了解企业。刚去企业的人，所见所感肯定有与所想不一样的地方，初来乍到会有苦楚，之后会看到蓝图。

关于招聘程序，我们今年顺应信息化的趋势开通了全网招聘系统，也有微信公众号，点击微信号就可以获得各种招聘信息，同学可以通过点击二维码投递简历。为了提高招聘质量，我们直接链接了北森测评系统，后面会有初试、笔试、面试。我们的集团总部不接收应届生，一般第一年都是在基层，希望大家有基层经验和历练。在面试现场会发口头 offer，留给你考虑的时间可能只有一天。我们还有校园宣讲，随时随地接收简历。

主持人：师兄进入中建的个人经历是怎样的呢？

唐行智：中建用"3＋2"的模式。进入中建之后，本科三年、硕士两年、博士一年，要在基层锻炼。当时我是博士，要一年在工地上工作。工地环境也确实没有学校好，我印过饭票，办过食堂，各种杂活都做过。收入也不高，大概是上学时候的十分之一。但是这是很难得的经历。

高 笪：第一年的时候，出于锻炼的考虑，工资确实不会很高。就现在，中建收入在行业内水平还是中上的，我们是一种业绩导向，收入更偏向上游。

唐行智：刚工作的时候不要把收入看得太重，更要关注职业发展路径。收入问题不要考虑太多，考虑太多会影响你的判断，之后就会好起来。就业之后大家有活就要多干点，小事都干不好怎么干大事？有这么一句话，"想着想着就下去了，干着干着就上去了"，所以还是要多干点事。

主持人：师兄对职业有无清晰的规划？

唐行智：这个问题大家经常问，包括求职的时候。但是你的职业规划是什么，你能自己说了算吗？就是把小事干好，干着干着你就上去了。在学校学的东西在企业很难用得上，到了企业，对学校的东西要清零，从头开始，一定要踏踏实实，不能自负。在企业中有很多高手，大家都很能吃苦，都很努力。参加工作之后一定要把状态调整好，把事情做好。

主持人：会不会有比学校的情况？

高　矗：刚开始大家都是一样的，虽然会有区别但是区别不大。我们不管是哪个学校的，更喜欢踏实肯干能吃苦的。在初步待遇上，可能会有研究生或博士生的区别，其他的没有区别。过了考验期，我们会有针对优秀员工的梯队等机制，但只有挺过了考验期才会有区别。还是需要大家踏实做事。

唐行智：很多企业都是业绩结果导向的。大家都很忙，没有人会去关注你的过程是怎样的，只有结果大家才一目了然，工作结果很重要。工作时间久了，毕业于什么院校就没有区别了。

主持人：招聘时更看重哪些能力？

高　矗：（1）认知力：对自己实际能力和水平的认知，给自己的定位是否客观，不能好高骛远。（2）情绪力：自我控制能力，与情绪性格相关的能力。（3）人际力：我们企业更多偏向于项目层面，需要人的横向沟通和团队合作能力。（4）意志力：只有挺过了那段时间，坚持下去才有美好的未来。我们也会有硬指标，招聘时更倾向于以上四方面。

主持人：管理队伍偏重某个专业还是各专业都有？

唐行智：各方面人才都有，主要领导的专业也是各种各样。越往上，综合性会越强一点；但项目中的专业性强，大家努力把项目建好。可以这么概括：越往基层，专业性越强；越往上，综合性越强。

主持人：国企晋升是怎样的状况？

高　笪：我先补充一下，中建系统本身就是很市场化的，跟其他同行业的相比最市场化，中建完全靠市场供应。晋升这块，从我们这种情况来说，内部有很多培养机制，比如新员工入职培训，星火基石先锋训练营等。我们也有晋升通道，一般都需要两步晋升，先是由分公司进到总部，再就是在总部内部变动。我这里有一个数据，关于内部平均年龄的，我们一个子公司的大项目经理，也就是我们内部说的 C 级领导人员，平均年龄是 37 岁。有些在公司三四年就能进入管理层，职位晋升上并没有传说的那样黏性那么大，只要你踏实努力，中建一局并没有那么多壁垒。

主持人：对职场新人的建议有哪些？

唐行智：首先我想说的是靠谱的问题：诚信在职场中很重要，诚信分为三个维度，品格、能力、执行力。然后是品牌的问题：企业要有品牌，个人也要建立自己的品牌。品牌怎么打造呢？就中建来说，就是最差的项目也要在行业中做到中等以上水平。个人也是这样，在最差的岗位上也要达成中上。底线管理是很重要的。还有，吃苦拼搏精神也是一个人想要进步成长的必要元素。我们更强调一点思想上的吃苦，就是你有没有把自己的工作想明白，表现出来就是跟各种各样的人你都能讲明白。

主持人：能不能举实际工作中的例子，比如底线管理？

唐行智：比如我们领导经常要致辞、讲话，做文字工作的人，有时会写得很好，但是如果时间很紧张的话就会匆匆拿上去，因为时间很紧，有很多东西不明白，领导就会不满意，就会说：你自己不满意就不要拿过来。

高　笪：底线管理本来是我们项目上规定的一个词，比如收益率的规定，严禁不合格情况发生。个人的话就是设置一个标准，只要没有达到标准，就会在考核上打一个叉，意味着没有机会参与评优评奖和晋升等事情。我们实施底线管理其实不是鼓励大家要做得更好，而是避免差的出现。

主持人：师兄工作以来的成长有哪些？

唐行智：工作后会有很多优秀人才出现，所以在工作中一定要有学习的紧迫感。其实要找专业很对口的工作很难，你是博士生，但可能工作上会发现某些方面比不上本科生，比如他们Excel用得很熟练，PPT做得很好看，自己会怀疑以前学的是不是白学了，这都是很正常的想法。不能沉浸在以前的学习中，人才很多，我们要赶紧去学习不同专业的内容，技不压身。我的一个领导大概40岁，说跟他一起入职的人还在做基础性的工作，但他为什么能够做到高管的位置？他说自己经常学习，并且一学就会，这样学着学着就用得多了，慢慢就进入了组织的视野。还有同学提的很复杂的国企政治问题，这个今天大家不用太考虑，只要你有能力，一定会重用你。所以，大家还是先把本领练起来。

主持人：毕业生在选择的时候，哪些因素比较重要？

唐行智：职业选择与个人有很大关系。比如做科研，有的是自己喜欢，有的是被逼的。什么是好工作？我觉得能力所及，心之所向，经济合理，就是好工作。其实我觉得做好了哪儿都是好工作，干不好就不是好工作。所以大家还是先把本领练起来，以后时间长着呢。

主持人：面试中怎样表现才能得到面试官的青睐呢？

高 耸：中建确实是行业内顶尖的，也有很多很优秀的人才想进入我们公司。在面试过程中，希望大家一定要真实，简历要实事求是。比如有同学可能只是参与或者做了些事，就在简历中写自己是负责人等等，这种情况就很减分。如果你在做什么事的时候只是参与者、配合者，就实话实说，完全不会减分。我们还是项目比较多的，希望有更多的配合者、支持者等。

还有一点就是不卑不亢，要找好自己的位置，企业不会苛待能为企业创造价值的人。

我希望大家能展示出来的就是这两点，也是投简历中大家要注意的。

简历部分就更简单，简历一定要简洁，我看应届生的简历就5秒，所以一定要重点突出。

主持人：什么是要突出的重点？

高　笪：基本信息要放在最开头，我们第一部分做的就是硬件筛选。下面部分就是要看个人了，如果你想做科研类工作，当然是科研项目的东西很重要；如果是去企业，相关实习很重要。其余部分在我看来是补充。

主持人：大学生的经验阅历比较缺乏，很多同学在学校拿奖学金，进学生会，当班干部，这些有帮助吗？

高　笪：这些都是加分项，但也是在基本条件符合之后才会去接着考虑的。技术岗更重视专业能力，当然，GPA 很重要；但是如果是市场营销类的岗位，可能就对 GPA 不会有太多要求。一般来说我们还是重视专业能力的。

主持人：面试的时候会有面试官分别唱白脸黑脸吗？我们该怎么应对？

高　笪：这么说吧，其实我可以在面试中扮演三种角色，开始时为了打开谈话局面，就会问一些家常的话题什么的；然后，我会突然抛出一些带有攻击性的问题，做一个压力测试。其实没有什么应对不应对，我做的一切都是为了发现真实的你。还是给大家这样的建议：无论 HR 怎么样，一定要真实，不卑不亢，如果存在虚假的情况，入职之后 HR 发现你的状态和当时面试时候不一样，会影响对你的评价。

主持人：嘉宾有什么寄语要对同学说？

唐行智：寄语前面说得也不少了，还是那句话：先找一家大企业踏踏实实把本领练起来。

高　笪：不卑不亢做真实的自己就够了。

选对职业入对行
——探索职业兴趣 赢在起跑线上

主讲嘉宾：张熙

新精英生涯职业规划培训师

CMT 生涯规划师认证

Social Style 社交风格认证

行动学习催化师

曾在国际四大会计事务所任职九年

讲座实录

我在四大会计师事务所待了差不多九年时间，同时我在清华、北大做过模拟面试，以后有机会我们可以聊聊面试的问题。今天我们来讲讲如何选择你的正确职业。我从三个角度来讲：

第一，做什么？职业定位。

第二，凭什么？能力梳理。

第三，怎么开心？选对跑道。

我们进入第一个话题，你想做什么？今天我们用四个维度做职业定位——十字架模型。第一个纬度，你平时喜欢和人打交道还是喜欢独处？第二个维度，你更喜欢处理细节的数据，还是抽象的、概念的、有创意的？最终结果分为管理型、服务型、技术型和专家型。例如管理型适合团队合作、计划组织、多语言授权、教导、谈判等；服务型适合人际沟通、教导、谈判协商、表演、演说、临场应变等。除了两个维度，我们做个非正式的评估。比如你最喜欢的三件事情，你最擅长的三件事，回忆你最崇拜的两个人。

第二个话题，凭什么？我们做个能力梳理。请问大家，若你对一个男人或女人有好感，你会怎么做？创造机会见面交流，进而建立亲密关系。其实这和你的求职一样。我们做个进入职业前的热身思考，由外及内：知识——技能——才干。知识最容易获得，就是我们在这么多年教育中学习到的具体知识。技能包括两种：硬技能是你需要什么样的技能型认证；软技能是你需要什么样的可迁移技能？最后我们来谈谈才干，才干可以说是人品，即你拥有什么样的个人品格？你需要什么成就故事来证明你的才干？

拆分自己之后，我们用能力三核来找工作，用三核分析工作，你需要从知识、技能、才干三方面对比自己与目标工作；找到可迁移的和要提升的；为可迁移的技能、才干找到证据；最后为自己制定能力提升行动计划。你知道自己有什么技能，你知道目标岗位要求什么技能，接下来你需要进行匹配。能力如何修炼：学知识，用技能，攒才干，你获得知识才能掌握技能，才能精通才干，此处我认同 10 000 小时定律。那么能力的挖掘与评估有几个渠道：正式评估中有可衡量业绩、考试成绩、技能量表；非正式评估中有成就事件分析、自我评估、他人评估。我建议大家可以找自己的朋友，请他说说自己的优点。我们来看看今年雇主最看重的应届生能力：

1. 团队协作能力。
2. 与团队内外沟通的能力。
3. 推销和影响他人的能力。
4. 熟练使用电脑软件。
5. 创造与编辑书面报告的能力。
6. 决策和解决问题的能力。
7. 获取和处理信息的能力。
8. 分析定量数据的能力。
9. 与工作相关的技术知识。

10. 计划和优先处理工作的能力。

我建议每一个人都建立自我成就事件案例库，用三到五个案例证明自己的能力。此处我推荐简历面试准备的 Strong STAR 原则：Situation 情景、Task 角色挑战、Action（采取的行为、直接反应能力、具体化、强动词）、Result 事件结果。具体举例：我在一个什么情景下，遇到了什么挑战，根据困难我采取了什么行为，最终结果是什么，根据这个结果我的认识是什么。

下面请大家写出来大学期间最有成就的十件事情。一般来说，HR 看中强动词：一系列动作，及其产生的结果，越具体越好。请大家再准备你大学期间三个克服各种挑战的成就事件。有同学问，我们如何应对回答自我缺点的提问，我的建议是你的回答需要对应相应岗位要求，你的缺点不得触碰到本岗位的核心要求；真实的缺点，需要有失败案例佐证，你做了哪些努力；尽量不要人格化，要情景化具体行为。

年年都说求职难，首要的问题是你如何突出核心竞争优势，你觉得什么是核心竞争力？面试时的这个问题，背后的含义是为什么给你 offer，你的回答需要参考职业要求，思路上与回答自我缺点的提问相同。你的核心竞争力需要两个思路：第一，自己和自己比较，演讲、分析、校对、沟通，各项能力全部罗列，按照你感兴趣的程度和你擅长的程度这两个维度，把可迁移软技能做个排位。个人能力库中的全部拿出来，你的擅长点便是你的核心竞争力。我鼓励大家在热爱的领域尽情玩。第二，和别人比，你有、别人无，比如你的天生才干，你懂、别人不懂的知识，再比如过目不忘等优点。如何得知？问亲朋好友，他们会选择第一时间向你咨询的事件，这便是你的核心竞争力。

最后，是今天的重头戏，怎么选对跑道。我们看三个维度：行业、职位、企业，做职业定位。

先看行业。毕业生就业选择做什么，要找有前途、有发展空间的行业。行业分为曙光、朝阳、成熟、夕阳等。选择好行业，你才能比拼资源。除了资源，天赋才是效率更高的比拼，在职业规划中你发掘好自己的天赋，在自己热爱的领域努力地玩，还有着大把收入，这是最高境界。现在 NGO 为曙光行业，机会多、风险大；朝阳行业比如互联网、通信等行业，适合有想法、快速学习能力强的人，变化是朝阳行业的主题；成熟行业比如国家电网、微软等，平台大、稳定，这里能够快速催熟你的职业化，成熟行业的跳槽会有不错的资历；夕阳行业适合二三线城市，对于追求安稳舒适生活的同学，夕阳行业是不错的选择。我们通过一段 BBC 视频来看看产业变革。我们来思考一下，若是你希望自己的发展比较稳定，那你要确定三到五年你的工作是否会被机器所取代，若有这个风险，我不建议你选择这个 offer。有同学问，哪里有行业信息作参考？大家可以关注国家地区发展纲要、行业论坛，甚至是找校友打听、找咨询公司咨询等。其中找校友是收益最快的方式。随着你资源的整合，你可以慢慢转到自己最舒服的领域。

接着我们来看看职位怎么选择。营销主要分为销售与市场，生产则是研发、生产服务与客服。请大家参照常见企业的职业分布图做出自己的职业地图，像之前选"管理型"的同学适合的职位就是客服、行政、人事、销售和市场，"服务型"是教育、设计、表演、采访和咨询等。职业发展的规律是，你管理路径的兴趣向平衡发展，而专业路径的兴趣向精深发展。

最后看企业。国企注重的价值观为：忠诚、尊重、懂事。原则：平衡领导和客户，懂点办公室政治，具有沟通协调能力、专业技能（文书写作能力）。行为：人脉为先，面试不谈待遇，头半年做单调工作；有一技之长。

外企：老板根据国家地区走，管理模式规则化，你的时间是老板的钱。如何在外企中成长？价值观：关注国家文化，注重学习和规则，待人真诚。原则：做事稳健、合理创新；对事不对人；有计划力。行为：注重开诚布公、学习外企规则、熟练掌握外语、有相关技能与专业知识。

民企：扁平化管理下的山寨江湖政治，仪式上注重团队建设和文化建设，待遇看你的功劳。

政府以及事业单位：老板是国家，管理模式则是金字塔式的论资排辈，办公室就是政治，待遇则是非常稳定，收益与风险成正比。进入政府，你的价值观必须是忠诚、坚韧的。

回归到职业探索这个主题，我认为可以从三步走：第一步搜集信息，明晰行业内容与发展趋势，了解企业文化和发展，了解企业的业务和发展。第二步，了解心仪行业处于什么时期，想去的企业处于什么规模和位置，知道职业的真实情况与发展。最后进行自我思考，我适合去什么行业，我适合什么企业，我能否接受真实的职业情况。

规划成就人生——如何进行职业生涯规划

🎤 嘉宾简介：吴亮

　　现任和君咨询合伙人，毕业于北师大心理学院，获心理学硕士学位，学习、研究、实践心理学专业 15 年，长期从事以识人为核心的人才测评、人才发展、管理咨询工作，曾为中国移动、中国化工、海尔集团、深圳海王集团、美团网等知名企业提供服务，经手案例逾 50 个，深度评价关键人才逾 1 万人，被客户誉为企业的"人才风水师"

✏️ 嘉宾语录：

　　职业规划的本质就是持续地为他人和社会提供价值，盈利赚钱都只是你为社会、为他人提供价值的副产品。所谓"成人达己"，先成人，再达己，找工作、找朋友的本质都是这样。所以职业选择和职业规划的关键都是选择和成长、战略和执行，争取做到不负我心、不负我身。

讲座实录

主持人：各位同学晚上好，欢迎大家来到第 58 期就业沙龙的讲座现场，今天我们有幸邀请到和君咨询合伙人吴亮老师，为大家带来职业生涯规划专题讲座。欢迎吴亮老师。

吴　亮：我先征集一下大家的想法，关于这个主题，大家有没有什么想法或者困惑？我听过的困惑都有这些，比如说户口和发展哪个更重要？是工作还是创业？第一份工作该如何选择？还有的同学说我有规划，但是接下来做什么呢？

今天讲座的内容比较多，我先说下课前秀。哈佛大学的研究说明，有目标和没目标的人在接下来的多年后差别很大，你认可这个结论吗？你自己有长远目标吗？提到职业规划，一定要有职业路径，现在展示的就是大部分人要走的职业路径，要么就是留在学校，要么就是考公务员，要么就是进入企业，绝大部分人都是这三条路径。但是在现在这个时代，也有其他的路径。比如说自由工作者，Uber 或者滴滴的司机，甚至韩寒，本质上都是自由职业者。再来看创业的路径，现在说的是傅盛，然后再看看褚时健的职业路径。他们的职业路径是不是跟刚才那三条很不一样？我不建议大家刚毕业就采用这些职业路径，但是放在这儿是为了告诉大家，十年后八年后，很多东西都有可能。同学们要知道，社会上有些职业是在消失的，大家在选择职业的时候，一定要注意避免选择这些正在消失的职业。

我们先从产业的角度看，最早的产业只有采集和狩猎，然后是手工业和农业，资本主义诞生带来的工业，再到现在的高新技术产业。而职业就是伴随着这些产业产生的，比如说现在大家说的白领，就是一百年前才出现的。

同学们选择任何一种职业形态，都要考虑以下这些问题。

首先要考虑的就是社会大势，三股商业潮流。第一点，是以上市公司和领先企业为龙头的并购和整合。这个潮流出现的原因同学们知道吗？第一个是现在是不是资产荒？就是投资收益率很低，优质资产很少，通过并购来提升效率；第二个是转型升级，原有的产业产能过剩，所以发展新产业，这是这个时代的大潮流，这背后是有一定背景的。第二点，新技术、新产业、新经济。旧产业做不下去了，就是因为新产业对它们形成了冲击，前几年还说商业地产，现在都没人说了，为什么？因为你逛商场买的东西网上都能买到是不是？第三点，走出去、引进来、全球化。

除了了解社会大势以外，还要了解产业和行业特点。我把所有的行业分为万业之业、现阶段支柱产业和新兴产业。万业之业包括金融和互联网与信息行业。而现阶段支柱产业包括有色、汽车、钢铁、装备制造、电子信息、纺织、房地产、轻工业等等。这些行业只要转型升级得好，也能够成为明星产业。

不管前面说的三种职业形态你们想选择哪种，都要从行业的维度加以思考。我教大家一个选择行业的简单方法，大家打开股票二级市场，市盈率在 20 倍以上的行业一般都比较好，市盈率在 10 倍以下的行业大家还是不要考虑了。

我们来看看职业形态。选择全职工作者需要什么？全职工作是依赖组织生存的，所以一定要研究这个组织。从哪几个角度研究呢？从以下几个角度：当下与未来，做什么；以何种方式组织、实施；组织架构图的本质是资源的配置方式；谁来干，典型行为方式怎样。而在选择公司内的具体职位时，又有以下几种职位可以供我们选择：一是公司的主营业务类职位，包括市场销售、研发、产品、生产和运营，这是公司内最根本的一批职位；二是职能类职位，包括人力资源、财务、资本运作、战略管理、内控内审、行政、企业文化、法务等，这些职位中有些职位在公司中是很有话语权的；三是管理类职位，包括基层管理、中层管理、高层管理，这个不用多说，大家都知道；四是专业类职位：咨询师、律师、证券分析、医生等，这些职位比较专业，大家也可以考虑。

而所谓的掌握技能，其实就是内驱力、判断力、凝聚力、推动力四个方面。大家发现没有，给大家讲的这些东西，其实对面试也非常有用。面试就是展示你这四方面的能力，内驱力表明你是否积极向上，判断力说明你脑袋清楚不清楚，凝聚力说明跟你一起合作是否愉快，推动力则说明你应聘这个工作的动机强不强。企业要求的就是这四方面的能力，考察的也就是这四方面的能力。

课前秀的时候我们就说过，有些职业正在逐渐消失，比如说算盘，现在没人打算盘了吧？但是在我们小时候，还有很多人专门学这个东西，还有打算盘的比赛；还有开车，现在无人驾驶技术正在兴起，以后司机这个职业可能也会逐渐减少；再比如说审计，随着人工智能的发展，审计这个职业可能也会被机器人替代。那么我们的终极思考就是，人会被机器替代吗？什么人会被机器替代？

在你的眼中，什么才是好的生活？上面那些都是大千世界摆在那儿，给你选择和经历的。但是你要问自己，我是一个什么样的人呢？你了解自己，才能正确选择。读懂自我的"职业价值观"，就是要在收入与财富、梦想与使命、自由独立、自我成长、人际关系、身心健康、户口、环境舒适、权力地位、兴趣特长导向等等这些中，选择三到五个你认为最重要的指标，然后根据这些指标选择工作，什么都满足的工作是不存在的，只能尽可能地靠近你的标准一些。这种读懂自我的"能力"，是一种深层的能力素质，通常是无意识使用的技能、品质和特质，难评价、难改变，所以大家一定要注意培养。

给大家说一下赚钱的秘诀，那就是选准赛道，同时要在赛道上扎实下去，结识人脉，跟朋友一起干更多事情，出现关键机缘点的时候抓住。

最后跟大家说一下我个人的感悟，我认为职业规划的本质就是持续地为他人和社会提供价值，盈利赚钱都只是你为社会、为他人提供价值的副产品。所谓"成人达己"，先成人，再达己，找工作、找朋友的本质都是这样。所以职业选择和职业规划的关键都是选择和成长、战略和执行，争取做到不负我心、不负我身。谢谢大家！

从金融行业选人标准看个人职业发展规划

主讲嘉宾：王晓平

中国建设银行人力资源部副总经理

实录节选

一、我们的选人标准

对我们人力资源管理者来说，人力构成包括脑力和体力，对于人来说又包括心和身，而心的本体又分善恶。

所以在我们看来，德＋能＝人，"德能勤绩"就是我们对应聘者的全部标准。

去应聘一个企业，人力资源部在想什么？我们所要的人，其实就是德能勤绩，以德为先。

二、对个人的职业规划的建议

我过去在大的办公室，帮同事洗杯子，整理琐碎的材料等。别人看你都是从点滴开始看的。我们的学历、成绩，一旦离开学校，一切归零。我下面就讲讲职业发展如何才能走得比较顺。人生有三重景，见山是山，见水是水。当你刚进入社会后，可能别人告诉你什么你就认为是什么。但你往前深入，你会发现有些东西不是像当前那样的了，那就是见山不是山，见水不是水。当再进一个层次，会螺旋式上升，见山还是山，见水还是水。说起建行，在建行职业发展有多大空间？你从一般员工开始，你就能坐到董事长、行长的位置。然而这种理论上的说法，众人皆知，毫无意义。你一定要明白职业发展的本质是什么，我认为就是奉献和付出。"职"造字的本意就是古代基层官员，"业"代表在严酷环境下的精心劳作。所以要认识职业发展，要发现职业发展显著的特质：职业发展的不确定性是常态，你最终能达到什么样的高度，没有任何人能说清楚，因为除了你自己以外，有环境，有机遇。

现在职业发展已步入低速时期，为什么是低速时期？在20年前，我们的很多领导是军转干部，学历比我们低很多，有高中、初中生。后来推进改革，要讲知识化、年轻化，像我们这个年纪的人，在二十八九岁可以提到处长、副处长。但现在的情况，领导一样是有学历的，所以职业发展步入了低速时期，因为我们这些人，再过十几年也就退出舞台了。20世纪五六十年代的人很快要退出舞台了，我们提出要多用70年代的人，再过一段时间，70年代的人也觉得老了，就用80后了。所以说你们也有很好的机遇，70年代是人口高峰，当我们这批人都退出后会出现很多空缺。

要重视基层历练。不知道你们看不看新闻报道，要让有潜力的年轻干部去基层蹲蹲苗，不要给他们预设任何的路径，只要有过这样经历的人，他们对这些印象是很深刻的。身为一个领导，要带领一帮人去冲去闯，如果路径真的就那么清楚，那么事情就简单了，钱没有那么好赚的。如果要成为一个很好的领导人员，在没有任何路可以走的时候，你要自己开拓一条路。

我认为职业发展要顺利的话，还要注意一些事情。西方主要针对事的管理，以事定人；中国是人本管理，以人定事，要获得信任，信任度越大，会交给你越大的事情，信任度越小，只会交给你小事、杂事。

能力是基础。我有自己的一套"吃鱼论"跟大家分享。领导今天要吃一条鱼，没有告诉你吃什么鱼，用什么手法做。虽然领导没有告诉你他想吃什么鱼，比如他想吃鲫鱼，但是你做了一条非常好的鲤鱼，你还是会被表扬，就算你知道领导喜欢吃鲫鱼，但你做得非常差，你还是会挨骂。

职业发展三大不靠谱。第一不靠谱的是关系。常常听到很多人说，得到某些人的赏识，跟谁亲近等等，以为这个是最关键的。但是其实这个事情特别不靠谱，人对人的看法在不同的场景、地点也会发生很大的变化，靠关系，就是把自己的发展依附到一个人的身上。我跟好多同事讲，你们只需要把同事做好，把能力做强，无论哪个企业都需要做事情的人，你把事情做好，就能以不变应万变。

第二不靠谱的是设计。我认为最不靠谱的就是职业生涯设计理论，因为这真的不是设计出来的。一个人的发展，有很多因素的影响，比如能力强，你就像一颗好种子，能不能长成参天大树，也会受到气候、环境的影响。

第三不靠谱的是承诺。领导给你某些承诺，也是不靠谱的，如果你自己没有很强的能力，也是没有用的。随着社会越来越开放，越来越靠谱的是一个人的德、行、能力。

职业发展最靠谱的还是：第一，把人做好；第二，把事做好。

你在一个企业，要记住一点，就是把事情做好，有打江山才有坐江山。别人是从小事、从一点一滴的角度认识你的。别人是通过德来认识你的。比如说关门，有些人关门，不在乎别人的感受，说明你很在乎自身，从来没有关注过别人的感受。比如说开会，有长者、领导进场，别人出于尊重会站起来，但有些学生会无动于衷。这是很小的细节，也能说明对他人、对名利是什么样的看法。

做人要合乎中庸，凡事做到合理，做到不偏不倚。中庸，就是恰如其分，做什么事情都要合理。如果做到中庸了，一定要做到三个理：第一个是真理，一定要做正确的事，不要做错误的事情。第二个是合公理，别人要认可。第三个是要合乎伦理，就像有长者在场的时候要站起来一样。

做正确的事情还包括合情合理，还有合法。要了解国情、省情，对中国文化的内涵一定要有很深的理解，就是要让大家都满意，你不可能让每个人都说你好，但你尽量要做到没有人会说你不好。

对于职业发展来说，就是要把自己做强，做一个有用的人，对家庭、对组织、对领导、对国家有用的人。

职业规划——我的未来我做主

主讲嘉宾：梁旻

"职慧"公益项目创始人、课程设计师、讲师

清华大学学士、博士，美国 UW-Madison 博士后

专业培训师、企业管理咨询顾问

伍涛基金会核心志愿者、JA 青年成就杰出志愿者

安徽怡悦天音希望小学名誉校长

历任微软全球资深项目经理、爱立信硬件经理、

美国 Crossbow 工程总监、慧点科技研发总监、苏州

新协力工控中心总经理

节目实录

主持人：同学们晚上好，欢迎来到第 69 期就业沙龙。本期就业沙龙我们邀请到了职慧志愿导师、专业培训师、企业咨询管理顾问梁旻老师，他曾在微软、爱立信等多个企业担任过高管职位，职场经验非常丰富。同时梁老师多年来一直以公益事业为核心事业，这一点也是非常令人敬佩的。

今天，梁老师将为大家带来题为《职业规划——我的未来我做主》的专场讲座，希望能够帮助大家在未来的职场生涯中更好地把握自己。接下来我们把时间

交给梁老师。

梁　旻：非常感谢大家今天晚上愿意花两个小时的时间来听这个讲座。今天晚上我们课程的主题叫职业规划。我先做一下背景介绍，首先介绍一下我们的项目是什么。职慧，全称是职场智慧。这是一个公益项目，希望学生在学校期间就做好职场准备。大家可以看到这棵大树，树上的每一片树叶就是我们的一个课程模块。

我想问在座的同学一个问题：你们想到未来要找工作，心情是怎么样的？我们来做一个小调查：选项 A 是我对未来有明确的目标，选项 B 是我对未来有一定的目标，但还很模糊，选项 C 是我一点目标也没有。请大家自我评估一下，分别举手。（举手）看来大多数同学都处于 B 这种状态下，对未来不是没有想法，但也很困惑。希望我们今天的讲座会对大家有所帮助。大家看到了，这棵大树上的东西有很多，除了职业规划，沟通啊、情商啊其实也都是职场需要的能力。

接下来我做一下自我介绍，我的名字叫梁旻，我还有个外号——土豆老师。土豆的特征："看似平常，美味营养"，这也是我的人生目标。我要做一个看上去普通平常，但也要对别人有用的人，所以我现在做职慧这个项目已经做了五年。同时我也是花时间最多的一个志愿者，我 90% 的时间用来做这个公益项目，一分钱都不赚，可以说是一个"全职志愿者"。大家一定很好奇，那我的钱从哪儿来呢？我同时也是企业培训师，有时候给企业做一些培训，通过这个可以取得一些收入。我想讲讲我自己和职业发展有关的故事。我 1972 年出生，当时"文革"还没有结束，因此我的成长环境很艰苦。当时我就思考中国和国外差距为什么这么大？我得出的结论是中国的产品不行，因此我小时候的理想是带领一个研发团队开发出世界领先的产品。这是我当时的梦想。后来为了实现梦想，我考上了清华自动化系，在这里一共待了十年，在国外又读了两年博士后。回来以后我就开始带研发团队了。后来我反思，为什么我的职业发展路径一直不错呢？其实就是因为我一直有这个目标，有这个梦想。那为什么我会转行做培训呢？这是因为我在工作的过程中，发现部门里的很多人，尤其是年轻人，磕磕绊绊发展不上去。为什么呢？我发现他们不仅仅是知识专业的问题，还有很多是这颗"大树"上的问题，因此我转行做这个公益项目，希望能够影响更多的人。这就是我想说的背景。

今天职业规划，讲很通俗的四个字：天（天分），生（人生），我（自我），才（才能）。

先请大家做一个小游戏（师生互动环节）。可以看出来，想要把握住机会，那就要提前知道自己的目标，做好规划，才能更容易抓住机会。

我们先思考一下，毕业后找的是工作还是职业？工作和职业有什么区别？有什么区分标准？（看视频）这个视频描述了一个工作，大家是不是都不想做？所以看来大家对工作还是有一个标准的，要满足某个条件我才愿意做。请大家写一下，你选择工作的三个标准是什么？选择职业的三个标准是什么？（师生互动环节）可以看到，这两个标准并不是两套，而应该是一致的。第一，职业是通过工作来实现的，对工作的标准组成了对职业的标准。要注意的是，有些标准是相互矛盾的，比如稳定和发展空间，往往是不能共存的。我们对找工作不能有太多标准，否则就会完成不了。第二，职业能够帮助你实现人生目标。比如在北京，工作是很忙的，如果你的工作不能帮你实现人生目标，那你的人生目标是没有时间实现的。因此，我们做职业规划，首先得制定人生目标。第三，职业是与你自己相关的。你不能去模仿别人，别人的成功不能复制，每个人都不一样，只能走自己的路。

天（天分）

大家不要把天分想得太神奇，这个"天"指的是天生的优势，你的职业发展有没有自己的优势呢？我们来看一个视频。（播放视频）可以看到，很多看似平常的品质其实都是天分，天分可以是很多东西，甚至一些看上去是劣势的地方在某些情况下也可以转变为优势。你说我记性不太好，是天分吗？记性不好意味着不记仇，做客服就很适合，客服接电话十个里面总有一个带着火气，如果太记仇，这个工作是做不好的。

请你想出你的五个天分，做一个小游戏。（互动环节）

为什么我说每个人找工作只能设立三个标准？因为如果标准太多就会找不到工作。同时大家也能发现，每个人的优势都是不同的，要根据你的优势是什么来进行职业规划，这样你面临的竞争就会小很多。有一本盖洛普的书叫作《发现你的优势》，也叫《优势识别器》，大家可以去买来做一下这个测试，了解一下自己的优势是什么。

生（人生）

职业要和人生目标相关，那么怎么寻找人生目标呢？讨论人生不能太小，也不能太老，我们现在就应当考虑人生目标这个问题，在离开学校之前就要考虑好，否则职业前几年还是会走一些弯路的。

怎么考虑人生目标呢？有一句话叫以终为始，就是在你开始的时候就要想好终点在什么地方。我们的人生终点在死亡，想象一下：你在死后，会有一个墓碑，你的墓志铭会是什么？你希望上面会写什么？你希望写在上面的话就是你的人生目标。比如我，如果写"看似平常，美味营养"我就很满意。（观看电影片段《遗愿清单》）我们看到，古埃及人进入天堂的时候会被问两个问题：你找到人生的快乐了吗？你为他人带来快乐了吗？

我们的人生目标还要和职业选择相匹配。我自己的三个人生目标是：利他、自由、丰富。我在进行职业选择的时候都是按照这三个目标来的。利他——因此我在做志愿者工作；自由——我选择的职业都是能自己决定工作时间的；丰富——意味着我做的工作不会是能一眼看到头的那种。在有了目标的基础上，如果给自己的人生目标列出三条标准，你会列出什么呢？（互动环节）这个标准要符合 SMART 原则：S 代表具体，M 代表可测量，A 代表可实现的，R 代表相关性，最后 T 是指时间限制。我们的目标需要有具体的标准，这个标准不能抽象，这样你才能知道你的目标如何去实现。

我（自我）

当你面对很多选择的时候，你该怎么选？谁会影响我们的选择？我们来看一下视频，这是大家都很熟悉的《三傻大闹宝莱坞》，看看他是怎么和父母对话的。（播放电影片段《三傻大闹宝莱坞》）这个电影里面，主角最后说服了父母，做了他想做的工作。那我们在职业选择中，还有哪些人会影响我们的职业选择呢？男女朋友、老师、同学、社会上的人……

我们现在普遍趋向选热门的行业，什么是热门的呢？公务员曾经很热，但现在不那么热了，银行同样如此，尤其是在柜员一级。互联网现在很热，但它也有波动，它能火多久，谁也不知道。曾经在第一次互联网热潮中，很多人都在做门户网站。但后来随着降温，很多人都失败了。当时很多人转向了钢铁煤炭行业，结果现在钢铁煤炭又衰落了。再说国企，曾经是最好的单位，福利好、待遇高。但是到 20 世纪 80 年代，下岗潮又来了。由此可见，行业不是越火越好，行业的发展都是起起落落的，现在好的选择在未来不一定好。还有一个数字，世界 500 强企业的平均寿命只有 40 年。因此，我们想要在职场上坚持下来，只有靠两个东西：一是能力；二是热情、兴趣。有一个理论，10 000 小时理论，如果我们愿意做 10 000 小时的工作，就能成为本领域的专家。我们要问问自己：你是否愿意以及愿意为什么工作付出 10 000 小时？每天 4 个小时，坚持做十年，你做的事情必须是你喜欢的才能一直坚持。

父母的建议要不要听呢？需要听，因为父母是过来人，也是真正关心你的人。但听父母的话要理解着听，不能盲目地听。毕竟职业发展得不好，最后还是自己承担责任。

朋友的建议该怎么听？首先，师兄师姐的话同样不能全听，不能只看别人发展得怎么样，而要看本行业的发展是怎样的，是否有长远的发展空间。所以最后总结起来，选择职业的两个要素，一个是自己的兴趣，一个是发展空间。如果这两个里面必须放弃一个，又该怎么选？我认为还是要保留兴趣。因为行业总是起伏的，只有兴趣才是支撑你一直走下去的动力。

才（才能）

在大学里我们需要什么才能？

首先证书是有用的，但是证书只是敲门砖，证书所代表的能力才是真正被看重的。性格相对不是那么重要，能力才是更重要的。公司里讲究多元化，每个人性格都是不一样的，但是也正是多元的性格才能相互补充，才能平衡发展。

人脉重要吗？人脉的作用很大，但是人脉最后还是需要靠能力。人脉指的是专业化的交往关系，不是一起照个合影就代表你拥有了人脉。真正代表着你和他联系起来的，是共同的兴趣，共同的关注点。人脉的连接有两种可能：能力相同，形成行业协会；能力互补，一起工作。所以，人脉背后还是能力。

职场需要什么样的能力？德才兼备、创新、团队、专业、解决问题、勤奋等等，这些都是职场需要的能力以及品格。因此，要提前思考未来的职业中需要哪些能力，这些能力的准备需要从校园就开始，越早越好。大学里的各种比赛，各种实践机会，都可以是锻炼自己能力的机会，优势就是这样在大学里慢慢积累而成的。要从现在开始做，这样你的职业规划才是落地的职业规划。职业规划不是一成不变的，而是不断进步的。

从校园到职场：职业规划日企篇

 嘉宾简介：

邱　杨　北京伊藤忠华糖综合加工有限公司副总

魏　颖　北京伊藤忠华糖综合加工有限公司信息部长

赵　晶　北京伊藤忠华糖综合加工有限公司人事担当

齐　畅　时任中国人民大学外国语学院党委副书记，副教授

嘉宾语录：

对于刚入职的大学生来说，重要的是能不能不断学习，本科生基本的学习能力都有，差距在于能不能忍受寂寞，能不能吃苦。第一份工作不要轻易放弃，因为它可以来检验自己是否具有生存和学习的能力。另外，任何小工作都要用心细致地做，总有一天会派上用场。对于年轻人，最重要的还是不断进行学习。

节目实录

主持人：我想问一下齐老师，我周围同学在找工作时主要面临两类问题，第一类是找不到工作，第二类是已被好几家公司录取，但不知道该如何选择，齐老师能给大家什么建议？

齐　畅：不知道取舍时，其实我们面临的选择不过是两种，薪金待遇好的，或是社会地位、职业发展好的。最好的办法是跟着内心的第一愿望走，要考虑清楚自己最需要什么，最适合自己的才是最好的。

对于找不到工作的，第一，针对短板进行锻炼；第二，找到适合自己的工作。

学生提问：请问赵师姐，您是如何平衡繁忙的工作和学习的呢？

赵　晶：一方面自己觉得应该学习，另一方面又觉得上班已经很累了，这是一个意志力斗争的过程。其实时间总是有的，就是看自己想不想去做。去选自己有兴趣的领域更能坚持下去。尤其是在工作前两年，其实时间是有的，是继续学习的最好时机。

学生提问：我想问邱总，在招聘时，公司会更想要日语专业毕业、还是一张白纸可塑性很强的毕业生，还是愿意要辅修过其他专业或者研究生学习法务、财务的学生呢？

邱　杨：我们希望找到不仅精通日语，而且有较强的财务或法务才能的人。并且能够不断学习、不断充实自己。

所以重要的是能不能不断学习，本科生基本的学习能力都有，差距在于能不能忍受寂寞，能不能吃苦。

主持人：我想问师姐，在入职后从开始学习到上手，您用了多长时间？公司提供了什么帮助？

赵　晶：我大概用了一年的时间。入职后会有一个交接过程，会有前辈告诉你接下来的几个月做什么，要怎么做。但是实际操作中遇到的问题会比想象中多很多，只有亲手做过了才敢说自己了解了，会做了。

学生提问：我想问问各位，你们在面试中希望看到什么样的学生？

魏　颖：第一点，外形，给人的感觉一定要干净、整洁。第二点，在回答问题时，一定要回答得有重点，要有理有据。第三点，坦诚，比如直接说我对公司有哪些期待，以及我是否正在面试很多家公司等，不要模棱两可。

学生提问：我本科在大连外国语学院学习日语专业，研究生在人大读法律，在找工作时我发现很难将语言优势和法律方面的专业技能结合起来。另外想问各位前辈，你们在招聘时更愿意要应届毕业生还是有工作经验的人？

邱　杨：我们公司有专门的法务担当。管理部门喜欢毕业生，而业务部门则更喜欢有经验的人。刚进入公司不要急功近利，是金子总会发光的。

学生提问：可以看到，法学院的学生很多人会在一些高大上的单位工作，如有人去做有很高社会声望的法官、检察官，有人去待遇较好的律所。那么请问各位，促使你们选择日企的动力是什么？

邱　杨：我先前在中信工作，已经做到了正处级，待遇也比较高，但是我离开那里到了伊藤忠。当时主要有两点考虑：第一，如果继续待在中信，我的日语可能会荒废了；第二，我不想虚度光阴，碌碌无为，希望能实现个人价值。

学生提问：请问前辈们能不能谈一谈 BIC，或者是日企，再往大处说，整个外企有什么样的企业文化？

魏　颖：我们公司非常注重文化建设。大家相处融洽，有一个轻松的工作氛围。在 BIC 大家相处得都很融洽，而且制度健全，很正规，所有事情完全会按照国家标准走，有的甚至高于国家标准，公司会替员工把很多事情都考虑周到，让员工几乎没有后顾之忧。

主持人：关于职业规划，齐老师能不能给我们一些建议，在大学期间，我们应该如何提前对职业生涯进行规划？

齐　畅：建议从大一就开始规划，细节无法确定，但大的方向一定能定下来。对未来的规划不外乎有两种：就业或继续深造。

如果选择就业的话，对于外院的学生，最好能多一些技能，让自己变成复合型人才。

如果选择继续深造，有三条路可走：保研、考研、出国。对于保研的同学，学分绩很重要，这要从大一开始努力；对于想要出国的同学，学校有很多出国交流的项目，在本科期间出去交换一年或一学期会给未来出国带来很多便利。

从校园到大型国企之路

嘉宾简介：

　　高东升　中国航空规划建设发展有限公司人力资源部部长

　　周　石　中国人民大学劳动人事学院党委书记

嘉宾语录：

　　一个真正的人才首先要管理好自己，下一个阶段是管理好别人，更高一级是通过管理者管理好工作。在选择工作时，我们要根据自己的实际情况以及兴趣爱好进行选择。除了薪酬，我们更需要关注企业的人才政策与人才平台，是否能给我们提供一个好的职业发展通道。

节目实录

主持人：高总，您能否先介绍一下贵公司的校园招聘流程和笔试、面试环节的相关情况？

高东升：首先，公司每年会在9月底的时候启动宣传，通过学校的杂志和公司的微信发布招聘信息以及校园宣讲会信息。之后，在"一面"中表现比较好的应聘者会获得到北京"二面"的机会，不同的职位要求不同，部分需要考试和职业能力的测评，通过之后就开始谈大家比较在意的待遇问题，最后达成协议就可以签约工作了。除此之外，针对考研不成功的人，我们还会给予补录的机会。

主持人：您认为什么样的人才是真正的人才呢？他应该具备哪些素质和能力？

高东升：我们强调的是学生的发展潜力。如果一个应聘者看到一份有挑战性的工作眼睛在放光，那他就是我们需要的人才。

周　石：我认为一名优秀的人才应该具备以下四点：第一，要有很高尚的道德观念；第二，要很专业；第三，管理水平高；第四，要认真，不能糊弄，要以120%的精力对待任何一件事。不知道高老师您怎么看？

高东升：我挺赞同周老师的看法。对于刚毕业的学生，要从基层做起，首先要管理好自己，下一个阶段是管理好别人，更高一级是通过管理者管理好工作，就这样一步步往上走。

主持人：您认为参加校园活动对学生综合素质的提高和能力的提升有益处吗？是不是仅仅用来拿奖学金的？

高东升：益处肯定是有的。第一，学习知识和参与社会是知与行的两面，既做人又做事；第二，参与社会活动有助于你更了解自己和社会，便于规划更长远的职业生涯，并指导你当前的努力方向。

主持人：现在很多毕业生都面临着是先考研还是先工作的难题，高总您怎么看？

高东升：我建议人力资源专业的毕业生先就业比较好，有一些实践感受后再去参加硕士的学习。当然，也要看到现在很多大型企业集团非硕士生不要，所以这个还是个人选择和社会环境的问题。

主持人：如果先工作的话，您认为第一份工作对于我们来说重要吗？

高东升：非常重要！相比于薪酬，选工作更重要的是企业的人才政策和人才平台：第一，有没有科学完备的职业发展体系，这体现了企业的管理理念和水平；第二，选拔和提升是不是相对公平、公正，这体现了企业的文化；第三，企业有没有专门的培养、辅导政策，在人才成长的关键阶段有没有组织支持手段。

主持人：高总让我们初步了解了什么是好单位，如何进行人才平台的评价。不知周老师定位好单位的标准是什么？

周　石：第一，最主要的是领导要好，公司第一把手的价值观会对公司有很大的影响；第二，单位要有明确的发展战略；第三，有比较公平的竞争环境；第四，有人文的关怀。

学生提问：对于国企、大型央企和比较好的私企，我该怎么选择哪些有发展前景的公司？

高东升：人才的成长，越曲折越能锻炼一个人的能力。怎么选择公司，这要看你对自己的规划是怎样的，要客观地认识自己，了解自己真正需要什么，再根据自己的需要进行筛选、选择，私企更关注效率，央企、国企更关注企业的和谐。

周　石：第一，选单位首选地区；第二，看单位的发展空间；第三，看岗位；第四，看收入；第五，看单位的文化氛围。

学生提问：从当前的国家政策来说，创业是受鼓励的，而且创业资本降低，那么在什么条件下我们可以去创业？要去创业我们需要具备哪些条件？

高东升：如果你的定位是要创造一家自己的企业，那你就要认清自己的优势，明确自己的目标。不建议本科生毕业直接创业，除非想要创立的行业是开创性、无需遵照现行规则的，否则还是建议先投身到目标行业中，根据创业目标指导自己的就业选择。在创业方面，找对时机，看准市场需求点，找好创业伙伴是非常重要的。

主持人：关于"逃离北上广"这一热门话题，高总您如何看待呢？

高东升：一线城市基本待遇差不多，但是在北京，发展空间更大，机会相对较多，能从事的项目更前沿。另外，很多人因为房子的问题选择"逃离"，这是一个大环境的问题。

认识自我　规划未来

主讲嘉宾：施小军

康达尔集团总裁助理兼前海投资总裁
中国人民大学高级职业指导顾问
中国人民大学深圳校友会秘书长

主持人：周文霞

中国人民大学劳动人事学院副院长

会议实录

施小军：首先非常荣幸能够作为"LEAD 计划"的导师。我毕业以后去工商银行做人力资源工作，后来转岗做团委书记，后来做工行支行的副行长、华夏银行支行和浦发银行支行行长。之后从浦发银行辞职下海，一年后自主创业，建立互联网金融公司，后被康达尔收购，目前负责金融板块工作。今天我主要分享我的职场经历和心路历程。

主持人：您刚刚主要介绍了职业生涯的客观路线，下面，您能否再进一步介绍一下整个过程您的主观想法？

施小军：我高考前梦想是做一名记者，自认为文笔不错，且性格活泼，希望能够去人大新闻学院或解放军政治学院，但后来父母为我报了人大劳人院。

再后来我为了开阔眼界去了深圳，从工行的人力资源工作做起。1997年工行外派我去香港做离岸业务，不久，我想转业务方向，但未能成功，只好继续做行政工作，做团委书记。人力资源工作使我关注全行业的发展，这有利于自身日后发展。再后来，我离开了工行，希望转行做业务，经过考量，最终服从自己的主动选择和规划。

人才流动总是有成本代价的，但也会有更大的增值空间。大学培养的是综合能力，是一个人的人生观、价值观，还有很重要的一点是学习能力，人就好像海绵，要培养自己的吸收能力，给自己一种未来发展的空间。解决具体问题的能力是"术"，我们则要从"道"的角度更长远地看待问题，能否拥有持续学习的能力对以后很重要。总之，我们应该把自己打造成全局没有明显短板、局部又有亮点的人。

主持人：您的大学规划是怎样的？实习、社团、学习的时间您又是如何安排的？

施小军：我在院里面活动参与少，但是在学校层面活动较多，例如广播站（"我们在人大"活动）、演讲团、辩论队、足球队，我从中收获特别大，很多社团同学成为了一辈子的朋友。大学还是要根据自己的兴趣，多参加活动，获得很多有意义的体验。还有一点就是要多读书，人不一定经历过每件事情，但是看书了解别人的故事，可以在未来遇见事情时有所准备，把自己变成多元化、乐群的人。

主持人：您如何在工作中脱颖而出？

施小军：做一个有心人，眼里时常有活，即使不是自己的本职工作也要主动地去熟悉业务，工作要仔细要用心，在工作中结合自己的思考，以员工的心态做事情。学习就会有收获。

主持人：个人能力和人际关系（如贵人提携）哪个对职场起步更重要？

施·小·军：深圳是一个相对公平的平台，总体而言还是要做好自己的功课，就像踢足球每个人都比对手拼一点，结果就会好很多。工作中，努力程度、文笔水平、对制度的熟悉程度、接人待物等方面都比别人好一点，整体能力就会强很多。

任何选择都有得有失，银行有银行的安定，创业有创业的精彩，我们要学会聆听自己内心的声音，遵从自己的选择。从银行到创业是下海，从创业到互联网金融则是下火海，做好自己的选择。我职业生涯的切换大多源于内心的选择，就业第一步起点可以选择高一点的，如大企业等，在理念、思路上受到的训练较多，在大格局里工作过再转向小的基层工作，可能会是比较好的选择。

最后再给同学的三条小建议：

1. 做选择不能计较一时的得失和困难，要长远看待自己的利益。不要和别人比较，要考虑自己的人生规划。

2. 在企业中要正确看待自己名校生的身份，不要有傲气，但要有傲骨，把握企业青睐名校生的蜜月期，干出实绩证明自己，不能过分依赖自己的光环，否则会适得其反。

3. 人大学生在社会上的评价是好用，要自己有信心。

校友漫谈职业生涯与职业规划

嘉宾：韩愉

> ABB（中国）有限公司人力资源资深顾问
>
> 北京中外企业人力资源协会监事长

嘉宾语录：

> 对于事业成功的定义，韩愉认为是：一份工作，经济上和心理上令人满意；对社会有所贡献并够支持个人或家庭生活。这是一个很实在的定义，可能在开始时会很难，但可以在经济上放低要求，心理满足度高一点；先看不到对社会的贡献，但可以满足个人温饱。在刚开始的时候不要把钱看得太重。
>
> "决定你的目标是至关重要的，然而如何达到目标却千差万别。"

韩愉校友从他的工作经历和体会谈起。韩愉是人大 1978 级学生，1978 年前在北京郊区插队一年半。1978 年求学于人大档案系。毕业后，韩愉在国家机关工作四年，后来放弃公务员职位去外贸公司工作。1990年去中欧商学院学习MBA，毕业之后，由于喜欢职业经理人工作，便来到外资企业从事人力资源和可持续发展管理工作至今。

韩愉谈到，在过去的几十年，中国乃至全球政治、经济、技术都发生了非常大的变化，这给职业生涯也带来很大影响。各专业、各年级的学生都要做各自的职场分析。当前，每个人都面临着更大竞争和不确定性，也有更多选择和机会。职场上有很大变数，但机会是留给有准备的人的。

韩愉给同学们介绍了传统的和多变的职业生涯的区别，以及面对多变的职业生涯该注意什么。传统的职业生涯的目标主要是提升和涨工资，而多变的职业生涯是在心理上感受成功。传统的职业生涯的流动主要是垂直的，而多变职业生涯在流动上多是水平的。传统的职业生涯模式多是线性的，而现在多变的职业生涯是螺旋式的。另外在现在的职场，关系至关重要。面对多变的职业生涯规划，学生要多计划，有职场智慧。对于职业的定义和理解，韩愉引用《韦氏大辞典》和《英华大辞典》中的解释进行了详细的讲解，让同学们对职业有了更深刻的认识。

韩愉讲了职业发展的四个阶段。30岁之前是探索阶段，要明确自己的兴趣，找到适合自己的工作。在这个阶段主要是做学徒，要放下姿态，在单位多做帮手，学习，听指挥。30岁到45岁是建立阶段，这个时期的角色主要是同事，比较关注提升、发展和安全感。有人在这个阶段可以形成自己的生活方式。45岁到60岁是维持阶段，在这个阶段的角色主要是师傅，要保持成就并更新技能。60岁以后到了退离阶段，要逐渐退出职场舞台。

关于大学毕业生的出路和就业准备，韩愉谈到，大学生主要的出路有三条：做公务员、做学问和在公司做事，每个人都有不同的选择。大家总是有跟着师哥师姐走的习惯，但是要注意，时代在变，所以要敏感，不要盲从。要早立志，最好从大二下学期就开始准备。

韩愉反复强调，做就业准备时要有最高纲领和最低纲领，即最理想的工作和最稳妥的工作。在参加面试时，不需要在着装、打扮上花太多精力，穿着整洁就好；在沟通时要听得仔细，想得清楚，讲得明白。面试考察的是十个最重要的人格特质，即诚实正直、主动、沟通能力、自信、灵活性、人际交往能力、良好的职业道德、团队合作能力、领导能力和热情。

对于事业成功的定义，韩愉认为是：一份工作，经济上和心理上令人满意；对社会有所贡献并够支持个人或家庭生活。这是一个很实在的定义，可能在开始时会很难，但可以在经济上放低要求，心理满足度高一点；先看不到对社会的贡献，但可以满足个人温饱。在刚开始的时候不要把钱看得太重。

最后，韩愉把他毕业时的留言录上写给自己的话赠给大家："决定你的目标是至关重要的，然而如何达到目标却千差万别。"也正是这样的话让他走到了今天。

一 起 去 听 就 业 沙 龙

第三章 求职技巧

你不得不知的求职策略
——老汪带你畅飞职场

主讲嘉宾：汪宇

> 16年人力资源领域从业经验，从事过教育、IT、通信、快消等多个行业，组织实施数十个亚太区企业内部人才选拔项目，喜马拉雅FM职场类脱口秀第一名，《老汪谈职场》主播，"职见共济会"发起人

嘉宾语录：

> 工作前三年的重点不是赚钱，一个人一辈子赚的钱，都是在职业生涯的中后期赚到的，在职业生涯早期，我认为最值得去做的事是熟悉行业，培养专业能力，简单地说，就是"开眼界、长本事、扩人脉"。

讲座实录

中国人民大学的同学们下午好！今天的主题是："加速跑、准备好"。我会从两个部分讲：第一部分，和大家聊一聊在面试的时候，面试官所提出各种问题的背后的原因是什么；第二方面，我会来谈谈职场新人怎么把握好入职初期的黄

金期。

　　我大学一毕业便成为体制内的大学老师，每天穿着制服上下班，自我感觉不错。但后来很快就不适应这样的生活了，因为我感觉到，这并不是我想要的生活，一年后我跳槽了。做大学老师的时候，每个月900多块，这在当时已经算很不错了，但跳槽后去做工程师，工资居然一下翻了四倍，待遇之高让当时的我很震惊。但是工作了一段时间之后，经过思考，我认为这仍然不是我想要的生活。不久之后，我拿到了两个offer，一份在北京，是一家互联网公司，工资还能翻一倍；另一个offer在上海，是一家通信行业的外企，工资和做工程师一样。为了决定选哪个工作，我专程去了趟北京和上海，实地体验，后来，选择了相对稳定的通信行业。打那儿之后，我就一直在上海的外企圈子里晃荡，结婚生子，一晃十几年时间就过去了。几次跳槽的经历，让我有了一个体会，选择一种工作，也就意味着选择了一种生活。很多人所说的职业规划，对我来说仍然是模糊的概念。我自己的体会是：如果你还想不清楚要找什么样的工作，那你可以想想你想要什么生活。还有一点，通过观察身边的朋友，我有一个发现，无论做什么样的工作，对于长期生活在同一个城市的职场人来说，收入差别不是很大，比如在北京工作了十年之后，和身边的同学比一比，会发现除了那些发财暴富的，大家的收入差距并不是很大，大部分人基本都能拿到当地就业市场中薪酬的中间值。这就得到了一个有点让人感慨的结论，"职业规划没有我们想的那么有用"。所谓职业规划的逻辑，是"往前看"；我来谈谈另一个逻辑，叫作"往回看"。什么叫"往回看"呢？每个人的成长经历、学习经历、工作经历都不同，做的事情不同，认识的人不同，就好像每走出一步，都能留下一个脚印，当把这些脚印连接起来，就形成了一条独一无二的路径，沿着这个路径往前看，也许就能发现你的独特优势。我把这种从过去到未来，连点成线，把你的资源、朋友、市场、经验整合起来的能力，称作"资源整合能力"。我的一位朋友，曾经在百度做过市场，在IBM做过咨询，在一家制药企业做过HR。后来，他从百度拉了几位做技术的同事，从IBM拉了做销售的同事，做了一个基于微信做招聘的创业项目，现在红红火火。这就是一个典型的发挥出资源整合能力的例子。

　　求职也讲究"知己知彼、百战不殆"。很多面试中提出的问题，其实背后都有一个明确的目的，或者要判断你的能力，或者要判断你的潜力。比如，一个最最经典的问题"请评价一下你自己的优点和缺点",面试官其实并不是关心你自己认为优点和缺点是什么,他实际是通过你对这个问题的回答,来判断你的自我认知能力。自我认知度高的人成熟度普遍也高。经常反思的人,在评价自己的时候能够井井有条、逻辑清晰。为什么企业要招那些自我认知程度高的同学呢,这是因为,自我认知和一个人的成熟度、自我管理能力关系很大。对于企业来说,它要招的是一个成年人,能够做同事,独立解决问题,而不是招一个"小朋友"。另外,在面试中,有一个比较典型的现象,叫作自说自话,没搞清楚面试官要问的是什么,就开始滔滔不绝地讲自己准备好的内容,这是一个大忌。往往这个时候,面试官会礼貌地打断你,说"我刚才的问题是……"。如果在面试中没理解面试官的问题,不要紧,你可以试试这个办法,尝试着用自己的语言重新讲一遍面试官的问题,然后问他:"我的理解对吗?"

挑剔的大企业在找什么样的毕业生呢?专业学历、综合能力、发展潜力、文化匹配、诚实守信和成熟度。

简历没必要写太多,一到两页足矣,如果是投外企,一定要准备一份英文简历。另外,把以前实习过的雇主推荐信也可以附上去,这个很有帮助。对于企业HR来说,我们希望看的是内容信息完整、逻辑清晰、重点突出的简历,学校、学历是企业选择管培生甚至是海外管培项目的一个重要标准。然后看重的是发展潜力,即心智敏锐度(好奇心和处理模糊复杂情况的能力)、人际敏锐度(善于和不同类型的人相处的能力)、变革(适应变化的能力)、结果(通过别人搞定工作的能力)、自我认知能力(反思是最有效的提高自我认知能力的方法)。潜力是你的可能性,就是你能够做到什么。专业、潜力、诚实守信是短期内不能改变的,但文化匹配和成熟度是短期能够改变的。如何表现成熟度?除了前面提到的展示你的自我认知之外,在很多的言谈举止的细节上,面试官都能够感觉得到,比如谈话的时候眼睛要直视对方,握手的时候简单有力,勇敢把握住与老板交流的机会等。

我们来看一下综合能力。HR看重的能力包括:计划能力、解决问题能力、结果导向、适应能力、人际敏感度。适应能力和人际敏感度强的应聘者更符合企业快节奏的特点。我建议大家有意识地培养自己的适应能力和人际敏感度,这需要非常长的时间。所谓的计划能力并不是许多同学每年给自己做的新学期计划,企业是一个大的分工合作系统，把一件事做成，需要调配各方资源，人手、成本、时间、成功标准都是需要考虑的。所以企业所需要的计划能力，是统筹各种资源的能力，可以简单地用5W2H来描述（稍微解释一下2H是什么，第一个是How Much，第二个是 How to Measure the Success，也就是成本和KPI关键绩效指标）。在大学最能锻炼计划能力的活动，我认为是社团实践。再来说解决问题的能力，HR如何在面试中评估你这个能力呢？比如，他们会问"请介绍一次你做的事情超过自己能力的经历、请介绍要解决一个问题但不知道怎么办的一次经历、请介绍您要做出决定但可用信息极度缺乏的一次经历"。面试就是讲述自己的故事，建议大家平时要积累故事，准备"故事"有几个小建议，供大家参考：第一，"你亲身经历的，你在这个故事中做主导"；第二，"有趣的"故事；第三，"有难度的"故事；第四，"有收获"的经历。最后是人际敏感度，比如这个问题，"请介绍一次您与一位您不喜欢的人一起工作的经历、一次印象深刻的与其他人建立非常牢固人际关系的经历"。出于人之常情，往往我们所关注的人都是我们喜欢、认可的人，大家可以尝试着去接触一些你不喜欢的人，他们也许会带给你一些不同的视角、不同的理念。我们现在生活的世界，正在去中心化，不仅仅是政治、经济，也包括文化，单极价值观的时代一去不复返了，现在已经进入到了一个多元价值观的世界。

业务部门所看重的能力有哪些呢？机灵、创新、韧性、逻辑思考（说话有层次有结构）、专业能力和有效沟通。比如，在面试过程中你被观察的能力主要是"有效沟通"；再比如面试官评估你的韧性，他可能会问这样的问题："请介绍您花了很长时间去做，并且感到骄傲的一件事情。"我的建议是在讲述你的故事时要强调克服重重困难，正面积极的回答：遇见障碍、解决问题、乐观等等。

小企业最爱什么毕业生？他们更欣赏具有适应快速变化的能力、坚持做一件事情的毕业生。

在前面我提到一个看法，选择一种工作，也就意味着选择了一种生活。所以这里，我建议大家尝试为自己未来的完美生活画像，比如这样：我希望未来，生活在一个＿＿＿的城市、地区，我理想中的公司是一家规模＿＿＿发展速度＿＿＿的＿＿＿资企业，公司处在＿＿＿＿＿＿何种行业，我的工作＿＿＿＿，对我来说，工作对我最大的收获是＿＿＿和＿＿＿。

在选择什么样的公司这个问题上，我的建议是优先考虑行业，行业是否上升期对你的职业发展影响很大。在一个上升的行业中，是比较容易享受到行业的上升红利的，有些同学会比较坚持一定要做研发，或者一定不做销售，其实加入一家公司之后，岗位是可以内部调整的，叫作转岗。选择了行业之后再去考虑岗位和城市。如何了解你的"完美"公司，途径有：求职网查看岗位要求、查资料或者去实习，发动社会资源，请教师兄师姐，通过社交网络关注从业者，利用好行业分析媒体等等。我们现在也在做一个项目，可以帮助大家找到那些正在做着你未来理想工作的师兄师姐，找到他们，和他们可以聊聊。感兴趣的话，可以听听我们的节目，关注一下这方面的话题。

说一个很具体的问题：如何在面试中用一句话抓住面试官的注意力？介绍一个小办法，有一个公式：特点＋经历＝一句话介绍。比如："我叫 Tom，是一个比我周围大部分同学都冷静的人，我曾经如何如何。"短介绍主要用在面试介绍、群面等情况。

关于择业，我最后说两句，在现在的就业市场上，不存在所谓稳定的工作。工作前三年的重点不是赚钱，一个人一辈子赚的钱，都是在职业生涯的中后期赚到的，在职业生涯早期，我认为最值得去做的事是熟悉行业，培养专业能力，简单地说，就是"开眼界、长本事、扩人脉"。

关于如何融入职场，靠谱的行为可以帮助你快速得到新同事的认可。职场起步第一个 30 天有两个方面大家可以关注：第一是管理别人对你"由外向内"的印象，比如几点睡几点起、准备一个简单和复杂的自我介绍、记住所有同事的名字、穿衣主打安全牌、打造第一个三层职场人际圈（认识本组、本部、本楼层的同事）、同一个问题不问二遍、下班后开手机、主动向同事要反馈。第二就是主动建立对外界的了解，即"由内向外"，主动向老板要活儿、搞清楚同事都在忙什么、搞清楚公司的架构和产品、你的"同年"是最宝贵的财富、快速学会公司里的"切口"、找到你的 Buddy、习惯单独和老板吃饭、分析总结老板转发的邮件。

如何快速成为"自己人"？有所谓的职场社交"三大宝地"推荐给大家：打印机附近、饮水机旁边和饭桌上。作为刚刚离开学校的职场新人，一个很特殊的能力，在学校里不太容易得到锻炼的，叫作"和比自己年长 20 岁的同事打交道、畅快聊天的能力"。加入职场之后，会和各个年龄段的同事一起共事，一起喜怒哀乐，如果和他们无话可说，那就没法融入到他们的群体中。

简单总结一下，什么样的新人容易快速得到公司的认可呢？我总结为四个特点："手快脚快""自我学习""搞定事情""与人合作"。

最后我想说的是，要学会接受这个世界其实是不公平的，同事不是同学，老板不是老师，很多的机会是要靠自己创造和把握的。比如很多同学毕业之后，感觉自己的工作就是每天在打杂，其实我想说："你以为你在打杂，实际上你正被默默观察。"

好了，就讲到这里，接下来听听大家的问题。

学生提问：老师可以介绍一下有哪些上升期行业吗？

汪　宇：新能源行业、互联网、新医疗、大健康、新媒体都属于上升行业。你要选和专业搭边或者你自己感兴趣的上升行业，以防止某一天行业下降。转行穷三年，什么合适什么上升你去问师兄师姐。制药、快消等行业都在转型。

学生提问：如何选择城市？

汪　宇：二线城市不是没有追求的归宿，你进入二线城市，仍然可以从事感兴趣行业，名校毕业的你也一定会有优势。留在一线，你会享受更多的资源机会，我建议奋斗型的同学留在一线，因为一线到二线很简单，而从二线到一线很难。

学生提问：老师可以介绍一下销售类行业吗？

汪　宇：压力极大，成就感强，不稳定；门槛低，能否坚持长期做下去要看每个人的特点和追求。

学生提问：老师能不能谈谈您对中央部委的看法？

汪　宇：我问过一位朋友，他说在部委要没有经济负担而有情怀。建议研究生加入，从晋升上讲，研究生毕业后考公务员是比较平衡的做法，做好为人民服务的准备。基层公务员收入不高，人脉要求很高。

学生提问：应届毕业生已经有意向单位，想要提高自身技能，距离毕业还有半年时间，如何更好地提升自己？

汪　宇：首先这半年你列出来意向单位所需要的所有硬技能，一项项做好准备。然后就是进入同行业相关公司实习，提前为进入行业做职场准备。明确你实现每一步的时间，准确到哪一天，仅仅在内心准备和写在纸面上一步步跟进是不同的。

学生提问：我们在求职的时候应该是广撒网还是孤注一掷呢？

汪　宇：广撒网不安全。"孤注一掷"不能这么说，应该是"focus"，慢慢想清楚，进去体验一下，看看喜欢哪个行业。互联网自身仍待规范，不建议大家一股脑投进互联网创业。不要因为成绩好，觉得自己优秀，其实企业对你的评估是全面的，要转换思考角度。企业同样不存在绝对公平，自己无法控制的部分占你工作的大部分。我再延伸一下，女同学找工作会担心大企业是否歧视女性，但我认为大企业应该是"顾虑"而非"歧视"，以后面对婚恋问题，你可以打消企业的顾虑，坦诚地讲清楚自己的计划，"顾虑"自然会被打消。

人大校友教你完胜春招
——从简历编写到面试技巧

 嘉宾简介：

　　李丹琪　中国人民大学财政金融学院金融学专业毕业生

　　许　辰　中国人民大学财政金融学院信用管理专业毕业生

讲座实录

李丹琪：各位师弟师妹们，大家晚上好！我先做个简单的自我介绍。我是人大 2009 级财政金融学院金融学的毕业生。我在大学主要做了三件事。第一件事是我加入了各种各样的兴趣社团，比如电影协会、篮球社团等，有着多彩的业余生活，玩得很开心。第二件事是我加入了很多职业发展类的社团。首先是模联，也借此机会出国玩了一趟；然后我还加入了斯坦福中美学生论坛（FACES），这是一个很不错的社团，感兴趣的同学可以关注一下。第三件事是我曾经在高盛、罗兰贝格、普华永道、银监会等地实习，有着丰富的实习经历。这是我在毕业前的基本情况。之后，我开始海投简历，参加了很多面试。大家都知道实习是一个试错的过程。在其中，你会渐渐地意识到自己的性格适合什么样的工作、自己喜欢什么样的工作性质。我慢慢发现实习的三个月成为我的一个瓶颈期。我不确定自己是不是要做这个工作。这个时候我遇到了魏冰清，我们是通过打篮球认识的。她当时从红杉资本出来以后想要创业。因为我们实习经历都比较丰富，于是打算以分享实习经验和求职信息来创业。

我今天的任务主要是针对面试这个部分。首先是群面，自我介绍、阅读材料、小组讨论、两队互相交流讨论，然后是总结，最后是提问。这是比较标准和传统的群面流程。（1）群面的自我介绍。首先我跟大家回忆一下我当年群面时的自我介绍。"尊敬的面试官以及在场的小伙伴们，大家晚上好！我是来自中国人民大学财政金融学院金融专业的李丹琪。大家可以叫我蛋挞。今天非常高兴可以和在场的各位进行一场群面，希望能够合作愉快！"这大抵就是我的自我介绍。大家会不会觉得这个介绍太过简单？这就是我今天想说的第一点：群面的自我介绍与单面有所不同，它最好比较简短。群面中自我介绍的目的在于让大家记得你，并不用过于冗长。单面的时候大家就可以准备比较全面和较长的自我介绍。群面的时候，出于礼貌，需要拿着自己的名牌做自我介绍，让大家都能看到你的名字。（2）关于阅读材料。通常情况下，时间是 20～25 分钟。主要分为两种。第一种是所有人拿到的材料都是一样的。第二种是总共有五六十页的材料，每个人分工阅读一部分，然后通过互相交流，确保每个人都全面地掌握了所有信息才开始讨论。也有可能遇到纯英文的材料，大家要提前做好心理准备。同时大家要注意时间的分配，阅读材料和讨论的时间一定要把握好，不能在阅读上浪费过多时间。（3）在面试中有两个方面是面试官比较关注的。一个是技巧性，一个是基础知识。大家不要过分迷信面试经验，要通过自己的生活经验和知识经验来判断应该承担什么角色。不要过分拘泥于你在相关面试经验材料中看到的知识。面试考察的主要在于三个方面：第一是团队合作；第二是表达能力；第三就是沟通能力。关于沟通和表达，我比较鼓励大家多训练和锻炼自己的逻辑思维能力。我大学期间在社团的时候发现自己逻辑思维能力太差，后来我就通过一些案例和练习来帮助自己提升逻辑思维能力。推荐大家多看相关的书籍和案例，比如《咨询公司面试全解》（Ace Your Case）以及《咨询行业案例分析面试完全攻略》（Case in Point），这是我觉得很好的书。（4）小组辩论的目的在于抓到对方的漏洞并指出来，不要过分地抓着别人的漏洞不放。并不是辩论赢了就意味着小组赢了。小组是一个团队，需要有合作精神的体现。

最后想和大家分享一下我觉得在面试中非常有用的两项前期准备工作。（1）公司研究。以咨询行业为例，麦肯锡喜欢标准的商科优秀生、学生会社团主席等全方面人才；贝恩非常喜欢 party（派对），喜欢社交能力强的同学；波士顿咨询公司（BCG）要求学术派，对 GPA 要求极高。对不同的公司要针对其需求调整自己的简历、自我介绍和面试表现等。（2）面试官研究。在单面中尽量地多了解你的面试官，了解他的喜好、喜欢什么类型。每个面试官的审美都有所不同。单面没有技巧可言。面试官一定程度上是在选择自己喜欢和信任的人。

主持人：感谢丹琪师姐给大家带来的面试干货！接下来请许辰师姐为大家介绍简历制作方面的经验和技巧。

许　辰：先给大家做下自我介绍。我是中国人民大学财政金融学院信用管理专业的毕业生，本科之后到法国深造读研究生。我之前做过很多行业的实习，最后选择在埃森哲做管理咨询的工作。之所以选择管理咨询行业，是因为我喜欢与人打交道，喜欢解决问题，喜欢接触新鲜的问题。我大学期间加入了很多学生组织和社团，加入过校青协、校学生会，在创行做过主席，参加过 IDEA 以及宝洁俱乐部等社团，最后找到了自己的兴趣所在。我希望大家多和师兄师姐接触，学习经验，同时也多多参加面试。

现在我们开始进入简历环节。我的简历风格比较特别，而且我从来不海投。第一轮筛掉的简历大多是硬件的要求，比如 985、211、英语成绩等。面试中，考官先看简历才看到你。简历上写的东西就是面试中要聊的东西，所以简历非常重要。关于简历内容的顺序，我会把课外活动放在最前面，实习经历放第二，教育背景放第三。当然，大家可以根据自己申请的岗位作出合适的调整。（1）教育背景：如果大家的学分绩不是特别高，就不建议往上写。如果某几门和申请工作相关的课程的成绩很好，可以把它写到简历里。论文可以写上去，特别是如果它和你申请的工作有关。（2）工作和实习经历：大家不需要一定要去最出名最难的那些单位实习。写简历的时候也没有必要把自己所有的实习经历都写上去，只需要把有用的经历写上去。（3）课外活动：不管外企和国企都很看重这个部分。它们的招聘越来越倾向于脱离学分绩，越来越看重经历。（4）个人技能：申请外企的时候我认为这个不是最重要的。我们一般都写 EXCEL、PPT 等一些基本的技能，或者语言能力等。英语的话不出国也可以考雅思、托福。一般托福高于105，雅思高于7再往简历上写。如果有同学想面试大企业的总裁秘书，就需要有能喝酒和能开车等一些应酬的技能。再比如有些行业需要长期熬夜，工作强度很高，那你就可以写自己喜欢运动，身体很好。

总结起来，简历的制作思路大概分为正向和逆向两种。正向就是展示自我，把自己的优势罗列出来。逆向就是思考公司到底要什么样的人。它招什么样的人，我们就按那些要求来描述自己。当然要以真实为前提。

现在和大家讲一下关键词。做简历一个非常重要的能力就是会使用词汇。（1）一定要用有意义的动词，少用帮助、协助等词汇，表达自己的主动性、自己在活动中关键的工作是什么。尽量去说自己具体负责哪一部分工作，独立承担了哪些工作。（2）对于名词，要学会专业化。（3）学会量化。通过数字来展现自己的能力特别重要，因为数字往往更容易让人信服。分析、研究、数据、沟通、团队合作以及领导力是企业招聘时关注的六项核心能力。大家在制作简历时注意有所体现。

缺乏经历怎么办？首先知道自己缺乏什么样的经历。比如在刚刚提到的六项核心能力中缺乏某种能力，时间允许的情况下就找能培养相关能力的实习；如果时间来不及，就突出自己的学术能力，表达自己很喜欢读书学习。通过各种小事来体现自己的能力，按它们的需求来展现自己的能力。

如果跨专业怎么办？说清楚自己为什么跨专业，一定要表达清楚自己选择的理由，展现自己的激情和热情，通过具体的事情来表达自己的选择，表达兴趣以及自己能够在这个行业坚持下去的理由。

问答环节

问：群面的时候大家都没有经验，如果整个讨论非常地没有结构、混乱以及进程缓慢，在这种情况下该如何加快讨论进度和提高讨论的水平？

答：你可以站出来做团队的leader，推动整个进程，但在平时一定要做好基本功。你要看到别人看不到的角度，且表达得有理有据。

问：群面中有人说话特别慢，而且没有逻辑，影响进程，要不要打断他？

答：我觉得应该站出来打断他，因为面试官也希望推进进程。打断的方式，要有理有据，有结论。如可以说：同学你刚刚表达的是什么意思？如果我总结的没有问题的话，那这个观点我们刚刚已经讨论过了；如果你不介意的话，我们可以让下一位同学发言，因为我们时间比较紧张。

问：如果没有招聘需要的技能，该怎么办？

答：对于编程等硬技能，要真实说明；但一些软实力或操作类的简单技能，可以表达自己有很好的学习能力，表达自己能很好地学习和胜任相关工作。

面试那些事儿

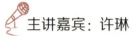主讲嘉宾：许琳

爱问（上海）管理咨询有限公司合伙人

WIAC（国际行动教练协会）认证导师

WIAL（国际行动学习协会）课程认证师

埃里克森国际教练学院注册教练

中国人民大学就业指导中心高级顾问

讲座实录

许　琳：大家晚上好，非常感谢大家能够抽出时间来听我讲解面试的一些事情，也特别感谢人大就业指导中心能够给我这样一个机会，感谢学生就业指导中心工作人员为今天晚上的沙龙付出的所有努力。我先自我介绍一下，我是人大1989级党史系校友，算得上是你们的师姐，今天非常激动能够有机会回到母校给大家分享一点点过来人的经验。

我们那个时候，95％以上的人是分配工作的，而我走上了"自谋出路"的道路，为了爱情留在北京，这在当时看来还是挺勇敢的一件事。在整个20多年的职场生涯中，我没有考过公务员，也没有在国企工作过，我的工作圈主要在外资

企业和港资企业，之前在多米音乐服务了 11 年，所以我的工作经验和今天分享的一些信息是比较贴近互联网企业的，还请大家听的时候能够有鉴别地各取所需。

第一篇　面试官面试流程

相信各位参加过校招的同学都有一个问题：什么样的人是每个企业都喜欢的校招生？或者说作为一个企业来说，它希望在学生中挑选出什么样的人？另一方面，所谓"知己知彼"，坐在我们桌子对面的那些人（面试官）他们是怎么想的？这就是我今天要向大家"揭秘"的内容。

先给大家简单介绍一下面试流程（图 3-1）。

图 3-1

面试官进入会议室后，他会跟你打招呼，问你"路上好走吗""这个地方好不好找啊""今天天气不错啊"来打开话题，然后你们两个开始坐下来聊，看你是哪个学校毕业的，实习经历等等，接着会聊到你对未来的构想。面试中他可能会提出一些假设，"假设工作中有这样那样的事情你该怎么办"。在提出一系列上述问题后，面试官一般会给你一个向他提问的机会。最后，面试官会向你说明一个等候期让你等待面试结果。

以上就是你在会议室中可能经历的流程，不同的面试官可能并不完全是按照上述流程来走的，但是相关的问题基本都会被涉及。在这一部分我可以跟大家分享我的一点小体会：如果你的面试时间没有超过 15 分钟，95% 甚至 98% 的可能你和这个工作没有缘分了。如果你的面试环节在半个小时到 40 分钟之间，通常你是比较接近于这份工作的。所以如果有的同学在面试过程中发现自己总是不能跨越那前 20 分钟，你可能就需要反思一下自己了。

我们来看一看，面试官在进入会议室之前都准备了什么，见图 3-2。

进入面试室前，面试官做了什么

任职
资格说明书

测评
工具

岗位
说明书

人岗
匹配画像

图 3-2

面试官在进入会议室之前，对于这个岗位他的脑海中是有一个画像的——这样一个岗位需要什么样的人。面试官跟你聊天的过程中，实际上是在验证他脑海中的那个人跟你是不是匹配。他画像的依据主要是以下四个。

■ 任职资格说明书

一般企业的 HR 都会有任职资格说明书，是公司做岗位设计的时候使用的，叫作"3D+E+C模型"，包含角色定位、知识技能要求、绩效表现、工作经验、能力素质要求这五个方面。

■ 测评工具

目前测评工具的种类非常多，例如九型人格、MBTI 性格测试等。通过这些测试会对求职者进行性格分析，从而匹配出其适合的职业。这些工具在一些大企业被广泛应用。但也要提醒大家注意一点，不要被性格测试的结果框住，它仅仅是一个参考，性格和能力都是可以发展的。

■ 岗位说明书

岗位说明书是根据任职资格表做出来的（见表 3-1）。

在互联网公司里特别注重一个说法——企业文化和价值观。这在互联网公司执行得特别彻底，如果在面试过程中，面试官觉得你与企业的价值观不符，多大的天才基本上都没有机会录取。面试官在面试中会通过语言考察你的行为，进而

表 3－1　　　　　　　　　　　　　　职位说明书

职位描述	1. 负责平台内容协调性的把控，挖掘高品质内容的主播； 2. 制订品质主播的成长计划，并按计划跟进执行； 3. 宣传稿件的撰写和宣传渠道推送跟进执行； 4. 主播基础信息的维护与整理； 5. 跨部门沟通与合作执行。 任职资格：（学历背景、实习经验、技能素质等） 1. 专科以上学位，10年以上互联网工作经验，对移动互联网、直播媒体有较深了解。 2. 具有良好的文字功底、较宽的知识面，思维活跃，文笔流畅。 3. 有网站编辑经验者优先。	
岗位	该岗位对于本部门的价值	
	同岗位背景对比	基本素质对比
	招聘渠道评估	常规渠道
	招聘紧急程度	

看到行为背后支撑的价值观。

■ 人岗匹配画像（见图 3－3）

图 3－3

面试结束后，面试官会把对你的评价进行"知识""技能"和"才干"的归类，从而知道你是不是公司需要的人。

问：面试官是怎么问的？

答：如图 3－4 所示。

图 3－4

问：面试官是怎么听的？

答：如图 3－5 所示。

图 3－5

对于校招生来说，现有能力并不重要，重要的是你是如何来思考的，你的学习方式是什么，你是如何跟别人互动、如何完成任务的。所有问及图 3－5 中下三层的问题，都是为了反映最上面两层。

我举一个例子，在校招过程中经常会问到，过去的人生经历中你觉得最辉煌或者骄傲的事情是什么？这个问题其实不重要，下面的问题才是关键：为什么你会选择这件事情作为你最辉煌的一件事？回答这个问题的时候，往往就是在回答"价值观"和"身份"。

问：面试官是怎么决断的？

答：如图 3-6 所示。

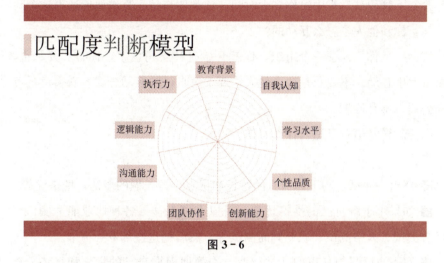

匹配度判断模型

执行力　教育背景　自我认知

逻辑能力　学习水平

沟通能力　个性品质

团队协作　创新能力

图 3-6

面试官会根据岗位的要求对你个各个方面打分，你和这个图越匹配，你面试成功的概率就会越高。

问：什么样的人是每个企业都喜欢的校招生？

答：

■ 正向思维（特别重要）：主要有两点，一是不抱怨，二是不要觉得自己人微言轻而把希望寄托在别人身上。

■ 积极主动：即影响力。即使你不在这个岗位上，你也可以发挥自己的能力去完成或推动一些事情。

■ 自我要求。

■ 协作同盟：需要一个过程来完成从学生到职场人的过渡。

■ 情绪管理：年轻人需要多修炼。

在回答面试官的问题时，要注意表现出自己的"正向思维""积极主动""自我要求"。

第二篇　基础篇

在第一篇中，我们了解了"知彼"，这一篇我们要讲如何"知己"。

问：你的优势和特长是什么？

答：不管面试过程中给你多少时间，你都要自信、真诚地传达出这个问题。

问：你和他人是怎么互动的？

答：一旦你加入了一个组织，你就开始有社会角色了，你必然要和很多人、很多事发生互动。不要总是迎合他人，要了解自己的互动方式，看自己的互动方式和公司是不是匹配。

问：怎样知道自己适合什么工作？

答：

■ 拿出一张纸，写下你所有的特长和优点，擅长做的事情，性格优势……

■ 如果不了解自己的性格优势，可以在网上搜寻各种职业能力测试，如性格优势测试、人格测试、职业倾向测试等，然后把这些都罗列下来。

■ 写下自己最想从事的几类行业，冷静地根据自己的特长和优势分析自己是不是合适。

■ 多找从事此类行业的人聊天，咨询你想了解的任何信息，别对任何一个行业心怀幻想，很多时候它真的跟你想象的不大一样，要判断自己能否胜任，是否真的感兴趣。

■ 选择你感兴趣的职业，搜索行业内顶尖公司的招聘，看看人家列出来的条件和技能需求，自己是否满足。

■ 去离你想要的工作最近的地方，想尽一切办法得到进入这个行业的机会。

建议在大二大三的时候找一些实习，要试，不要想象。

问：如何做职业规划？

答：关注几点：

■ 就业行业与岗位专业的连续性。

■ 就业的时间长度。

■ 就业岗位的梯度。

■ 就业岗位的可衡量业绩。

问：突出你的特质——如何做好自我介绍？

答：在 90 秒至 3 分钟的自我介绍中突出相关实习经历、清晰的逻辑、沟通能力强、乐观自信这些特质，另外，技术岗位会有专业测试。

第三篇 问答

在面试环节要特别注意一个问题，你不要被自己提前准备的答案束缚住，要注意倾听面试官的问题，不要游离。回答问题的时候保持微笑，做到基本的礼貌，回答完毕可以加上一句"谢谢"。

问：不同的面试官的作用是什么？

答：

■ 人力资源部门的面试官：注重企业文化和价值观，关注个人特质和状态。

■ 直接上司面试官：比较注重工作使命和绩效（上司的上司比较注重未来的可扩展性，回答过程中要多讲一些延展性的东西）。

■ 辅助性面试官：关注一些与工作上下游相关的问题。

问：群面是什么？

答：

■ 情形一：有一个主题和时间限制。

通常 90 秒，最多不会超过 3 分钟（面试中一定要尊重规则，时间到了一定要停）。面试中要用前三句话把观点展示出来，再回答为什么。另外，在别人做展示时一定要注意礼貌。

■ 情形二：给出一个故事让大家自由讨论。

有些人会比较急于展示自己的观点，有些人更偏向于先听别人的意见，这个没有绝对的对错。但要注意自信、真诚、保持礼貌、尊重他人。观点有时候并没有那么重要，重要的是在讨论过程中你展示出来你是什么样的人。

问：关于自信，应该注意什么？

答：侃侃而谈的时候要给出一些你的例子和你自己的体会，说明你为什么这么看，要让他相信这些观点是你自己的。

问：如何向面试官提问可以加分？

答：有两个问题可以加分：

■ 贵公司的人才培养体系是什么样的？有哪些培训机会？遇到困难时有什么人可以帮助到我？

■ 公司之前进入的校招生中现在您认为最优秀的是什么样子的？他是怎么做到的？

问：如何化解面试中的尴尬？

答：真诚，但也不要喋喋不休地道歉。

问：哪些会让我们卡壳？

答：自己的弱项。

回答此类问题一定要真诚，说完自己的弱项后要说明为什么觉得这是自己的弱项，以前做过什么样的事情，在这件事情中我学习到了什么。

■ 为什么希望加入我们公司？

从行业、企业的成长性的角度来回答，要让企业相信"共赢"。

第四篇　幸福——职场那些事儿

见图 3-7。

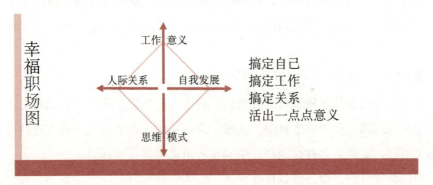

幸福职场是什么样子的

幸福职场图

工作 意义
人际关系　自我发展
思维 模式

搞定自己
搞定工作
搞定关系
活出一点点意义

图 3-7

学生提问：面试中被问道："轨道上有五个人，这时火车快要撞上了，但是发现有另一条轨道，但是另一条轨道上有一个人，你会怎么做？"这种涉及伦理道德选择的问题应该怎么回答？

答：此类问题一般没有标准答案，每个面试官考核的点也不一样。不要试图去迎合别人，遇上这种问题如实表达自己的看法，真诚地展示自己就好。回答完毕后也可以反问面试官的看法。

学生提问：对面试官"为什么来应聘我们公司？"这种问题如何回答？

答：刚好有这样一个机会，所以来试一试。注重真诚，以不变应万变。

学生提问：面试中可以讨论工资的问题吗？

答：建议校招生在任何面试环节不要（主动）讨论工资。如果被问起，比较得当的回答是"我相信每个企业都有自己的薪酬体系，我很想知道像我这样的人在贵公司的薪酬范围是多少？""贵公司的加薪体系是什么样的？""有什么破例吗？"等。

学生提问：网申的时候所填的薪酬对薪酬有影响吗？

答：通常不会，如果面试官对你满意会在面试时和你沟通薪酬问题。

学生提问：面试官突然提出一个随机性的问题，正在回答的时候不断补充显得很不连贯，是否应该申请先思考一段时间？

答：有的压力测试面试官会故意为难你，但非压力测试时可以向面试官申请一段思考时间。如果已经开始讲了，不要去想之前哪里讲得不好，顺着思路往下讲。讲完这一段后再补充，这样会显得更有条理。

学生提问：有没有必要每次回答后都说"谢谢"？

答：寻找让自己舒服的方式。不同的面试官反应不一样，要有自我，知道自己是什么，要什么，不要试图迎合别人。

学生提问：在面试中怎样规划展示自己的时间？

答：先把精华部分拿出来，因为你无法预料面试官会给你多少时间。

可以事先准备一份文字材料，如果面试时间不太够可以向面试官申请多一个补充，也给面试官一个好印象。

学生提问：群面里最后一个展示的人是不是比较好？

答：群面一般都是有很多岗位，不同岗位适合的人不一样，不要去揣测面试官，尊重自己面试当下的感受，展现自己的特质。

学生提问：对"有没有男女朋友"这种问题怎么回答？

答：这种问题尤其是对女员工问的比较多，一定程度上反映出求职中的性别歧视。面试官询问此类问题一般是想要判断你是不是工作一两年要回老家，会留多久，是不是很快要结婚怀孕生子。这种问题对于应届生而言不是很重要，不想回答的话可以说"没有"。

简历那些事儿

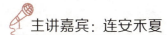

主讲嘉宾：连安禾夏

佰职（ibaizhi.com）联合创始人
资深职业生涯规划师，面试辅导专家
《2017 管理类联考面试高分指导》编委
中国人民大学国际工商管理硕士

讲座实录

主持人：大家好。众所周知，求职过程门道很深，经历过之后总结出来的东西是非常宝贵的。因此佰职学院希望陪伴大家共同成长，共同经历。

在讲座开始之前，先为大家介绍今天的主讲嘉宾——连安禾夏老师。连安禾夏老师是佰职科技的联合创始人和 CEO，曾经一对一辅导过上千名中高端职业人士，在职业辅导、面试辅导方面有着非常丰富的经验。下面请连安师姐为我们分享简历那些事。

连安禾夏：每次我出现的时候，大家都对我的名字感兴趣。特殊的名字有好有坏，学生时代上课的时候老师经常点我的名字，但也因为这样我容易被别人记住。

我是人大商学院 2012 级国际 MBA 的学生，毕业后有幸在小微金融中心任职，曾举办中国国际普惠金融论坛，开办过第一期普惠金融工作坊。我和人大渊源很深，因此很开心回来看到大家。今天应学生就业创业指导中心老师要求，和大家谈谈"简历那些事儿"。

首先我想调研一下在场观众。认为现在简历遇到困惑的举手（大部分同学都举手了）；认为面试有问题的举手（大部分同学都举手了）；认为职业生涯规划有问题的举手（大部分同学都举手了）。看来大家在求职方面还是存在很多问题的，但是今天时间有限，先跟大家讲讲简历那些事。

先向大家介绍一下我自己，在座同学看到我的简历第一印象是什么？

答 1：履历丰富，对联合创始人印象很深。

答 2：专业，有好多高分指导编委，为别人做辅导。

如果是一个 HR 看到我的简历会觉得我这个人很作，跨了这么多职业，到底想干什么？其实我的职业生涯走了很多弯路，但所幸我没有作死，才能够在这里跟大家分享经验。因此年轻人可以多尝试一下。在接下来的互动中，将会跟大家分享我的经验和教训。

一、江湖现状篇

大家每年都说就业难。让我们先来看一组数据，毕业生人数每年以 20 多万人的数量增长，今年有 700 多万应届生，再加上一些往届滞留的学生，除去考研的学生，我想问一下大家觉得今年能给应届生提供的岗位有多少？800 万？100 万？500 万？我们来看看真实的数据，虽然目前官方没有数据，但我们佰职科技公司做过统计，截至 2016 年 9 月 9 号，校招的岗位数量是 83 万。大家要注意一个岗位不是只招一个人，因此乘上人数，校招人数达到 296 万，而且现在正是旺季，数额还在快速增长。求职过程中大家优选校招岗位，如果校招岗位真的缺少，也有同学找社招岗位。但是其实社招岗位更多，筛选后应届毕业生或本科生能胜任的有 621 万。

因此岗位并不缺少。但是大家依旧觉得就业难。主要原因是，大学生就业意向和实际岗位设置存在偏差，就业意向过于集中。大家在求职过程中考虑的东西非常多，包括父母的期望、男女朋友的去向、兴趣和专长、薪资福利、工作环境、领导性格等。大家在找工作的时候欲望多一条，选择就会少很多。因此，要想找到合适的工作，大家的要求不能超过两条，择优选择，以此为基础，实现一个加法的过程。

工作前两年，大家都有各自想要得到的东西，这并没有对错，但是以一个过来人的身份，我要给大家提一些小建议。

1. 应届毕业生的身份很宝贵。工作前两年大家有着应届毕业生的身份，过几年等到失去应届毕业生身份，找工作就会非常困难，因为公司招应届毕业生是一种社会责任。比如说有一位本科就读于北京交大，后来去美国西北大学深造的研究生，履历非常好，但是研究生期间错过校招机会，再找工作就很困难。因此，我们找了一些著名公司的 HR 做诊断，他们表示，首先招应届毕业生是履行社会责任，当一个人失去应届毕业生身份，我们就只能把他当成社招的人，而社招的人需要一定的经验和技术水平，这个学生又不符合，所以夹在两者中间很难，遇到这种情况，我们只能建议先去实习再找工作。

2. 工作前两年是可以犯错的。我在央企做新员工入职培训的时候，有的 HR 很困惑为什么同是名校毕业的学生，有的经过两年会更加优秀，有的则被边缘化。因为被边缘化的人害怕犯错，硬着头皮去做，不敢问，因此水平难以提高，永远只在做自己会做的事情。因此要敢于暴露自己，才能有所提高。

3. 对自我和环境有一个认知。在工作中快速学习，如公司的各个部门到底是做什么的？自己适合做什么？特别是对于一些有轮岗的公司来说，快速了解公司架构、清楚自己的定位非常重要。

4. 工作习惯养成。工作习惯的养成也是未来工作的起点，大家都知道，就不展开说了。

我再给大家前两年的工作提几点要求：

1. 完成好分内工作。有的同学一到工作岗位就跃跃欲试，力挽狂澜、使出洪荒之力。但现实中企业并不需要这样，需要你一个一个完成任务，一点一点学习，从琐碎的工作做起，证明自己的能力，在有余力的情况下帮助别人，而不是急着改变别人。

2. 尽可能多学习。前两年的薪资并不重要，大家要以个人发展为核心，不要错过一些有学习机会的、公司培训完善的、领导能力强且愿意带新人的、平台视野比较高的、公司正在创新的工作岗位。

接下来我要和大家谈谈求职过程中要做的第一项工作——了解自我。

面试提问时大家都问薪资的问题，HR 就会反问你，这就会造成比较难处理的结果。因此面试时不要问这种问题，而应该跟师兄师姐、跟业内的人了解平均薪资、户口等问题。应该多问问部门主管的性格、对新员工有无培训等问题。上述错误行为的出现其实是因为大家不够了解自己，不知道自己究竟想要什么。因此，大家要做的第一项工作就是了解自己。

大家可以通过我们的公众号进行性格测试，也可以通过九型人格、霍兰德测试、DISC 测试等等了解自己。在生活经历中了解自己的兴趣和心理承受力。刚开始两年做什么并不重要，重要的是在经历之中寻觅自己的兴趣所在。

说完兴趣，再说说怎么发现自己擅长的事情。发现自己擅长的事情需要你去了解工作对你的需求到底是什么，擅长是在比较中得来的，要多和同学交流。

二、雀屏中选篇

不同的人会给出关于简历的不同建议，没有一个办法能教给大家全部通用的东西，因此只能和大家分享一些较为通用的建议。

HR 用 3 秒钟看大家的硬性条件：年龄、经验、性别、学历、排版；用 7 秒钟搜索关键词，很多同学的简历很好，但是没有关键词，因此大家要换位思考，把自己当成 HR，就知道怎么写简历了。

HR 是带着目的去看你的简历的，这就是 HR 搜索的过程。首先要在简历里证明你能做的事情，关键词很重要，硬性条件很重要，缺少检索系统的公司要打开简历去看你的个人信息，因此 HR 带着自身目的去挑选简历，寻找其中和岗位相匹配的信息。所以第一重要的是匹配度，然后再是你各方面的能力，如社会实践能力等。

还有几个需要注意的点，比如 HR 想要大家的成绩，那么成绩应该怎么写呢？GPA、排名可能是大家能想到的极限了，但是实际上可以写的东西很多，比如相关课程的分数是你的优势，那么你就可以展现自己的优势学科。

三、内涵颜值篇

怎么才能表达清晰呢？怎样让自己的专业性更高呢？下面让我们来看看内涵颜值篇。

简历首先看颜值。颜值不高谁去看内涵呢？和谈恋爱一样。10 秒钟没有很多时间去看内涵，先看颜值。三个简历对比：第一个简历照片是自拍，排版太乱，内容密集。第二个简历照片比第一个好，但是仍然不合格，排版更整齐了，对自己做了针对性的总结，但依旧存在问题。最后一个简历照片漂亮，排版整齐。

下面为大家介绍简历的六大原则：

排版：

1. 对齐原则；

2. 聚拢原则，把相关的内容放在一起；

3. 留白原则，和聚拢是相关的，不同板块要有一定的分割。

内容：

1. 降噪原则。大家的获奖、实习很多写不下怎么办？既然大家已经很优秀了，大可以慢慢展现自己的好，把对方感兴趣的露出来。全部露出来太多了，最好的容易被忽略。一定要把最突出的、最希望对方看到的简要地罗列出来，让其抓住主干信息。

2. 重复原则。岗位想要的关键词你可以重复罗列出来。

3. 对比原则。版面上，颜色、色调不要太多，蓝黑是可以的。内容上，比如同学们在写业绩的时候，有人写自己一年完成 300 万元，这个数额到底怎么样？没有限定和对比体现不出优秀，因此要有限定和对比。

下面和大家讲讲在表达方式上需要注意的东西。

● 用数据说话：

第一，限定原则。要有限定时间，英语试卷答了 100 分可以吗？没有时间限定不行。事情是什么不重要，在什么样的环境下很重要。

第二，递进原则。HR 很关注大家的学习能力，怎样才能展现自己的学习能力呢？用递进的方式展示。

第三，适当修饰。如果 GPA 不是很高，可以把优势科目的成绩展示出来。如实习公司的收入比利润高，可以写收入多少而非利润。

● 语言表述：

第一，简洁起见，不用过多用"我"，但要强调我的作用。HR 已经知道是"你"，因此你不需要重复说"我"，但是要使用"主导"等词语，强调自己扮演的角色。

第二，内容丰富，表达简洁。大家可以形成小组的简历互检机制，保证简历的语言既精练又让对方清楚地知道你所做的事情，避免概括性太强。要写出让别人看得懂的东西，同时条理清晰。

四、投递技巧篇

合适的时间：大部分公司在周一或者周五开会。邮箱里最上面的邮件是最新的，也是 HR 打开电脑最先看到的简历，因此为了让 HR 打开电脑时最先看到你的简历，最佳投递时间应该为：周二、周三、周四（除晚上）。

关于求职信：求职信就是"情书"，对方不认识你的时候不能写太长。首先必须用心，不能写给每个人的都一样，让 HR 觉得你用了模板，让对方觉得你把他当作备胎。

求职信的反面例子：

1. 三行情书型："你好，我是×××，想申请××岗位，附件为我的简历"。条件不明确，HR 没感觉。

2. 相亲自我介绍型："我叫×××，性别×，来自×××"。

求职信标准：您好，我应聘的职位是……；我叫……（个人信息）；附件是我的中英文简历，同时我把简历粘贴在正文处，以免附件下载困难而耽误您的时间，谢谢！并祝节日快乐。

总结一下，求职信的要点是：

1. 展现你针对岗位的最核心的求职信息。

2. 为 HR 着想，给 HR 方便，在软件版本等方面多加注意。

3. 亲切自然，适度幽默，可能令 HR 很开心。

渣打银行最年轻高管教你面试成功的秘诀

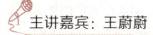

主讲嘉宾：王蔚蔚

> 渣打银行现金及贸易部副总监，现为渣打银行北方区最年轻的副总监，负责北方区一线和二线的市场。拥有 10 年外企和金融机构工作管理经验。曾为花旗伦敦银行最年轻的客户经理，麦肯锡金融咨询顾问，星展银行连续三年销售冠军。

讲座实录

今天我们要教给大家的面试成功秘诀其实就是一个"软技巧"，是人与人之间的沟通，概括起来就是"表、里、如、一"四个字。

课程开始之前，我们先做一个练习题——了解面试。

1. 面试是否评价申请人能力最常用的方法？正确。在没有办法用更长时间了解一个人、评估一个人的工作能力的时候，面试中用交谈、提问等方法来评估你今后绩效能力是最常用的方法。

2. 在很多情况下，面试决定是在最初的五分钟内作出的吗？正确。面试决定的确是在最初的五分钟作出来的，但是这个决定不一定正确。面试官会用之后的时间来验证开始的决定是否正确。

3. 一个人的外表在大多数面试中不会影响对他的评价吗？错误。一些岗位的确对长相有一些要求，比如前台的工作、面对客户的工作。在基本的情况下，外表更多指的是气质、仪表、仪态、肢体语言、谈吐方式。很多时候，长相越好，预期值越高，在达不到这个预期值的时候，扣分反而会更多。

4. 只有关于过去行为的问题能够显著预测未来工作的绩效吗？错误。过去行为的问题基本是出现在简历的内容中，当问你过去行为的时候，只是在问你过去的一件事，过去行为问题只是面试问题的一种类型，是每次都会被问到的问题类型。除了这个类型之外，还有四到五种问题类型，一会我们会挨个讲解。

5. 每一种工作都是独特的，因此需要专门针对此工作的能力评估和问题，是这样吗？错误。对不同的专业，会有一个相同的对人的素质的要求。工作可以分为三类。前台：直接面对客户，有业绩考核和增长需求。对于这部分人来说，需要他们能够抗高压，要喜欢与人打交道，要了解市场的动向。中台：不需要接触客户，但是要有很强的专业性，要了解市场需求，了解竞争者在做什么产品。他们的专业性很强，需要有很强的数据分析能力，但是不需要和很多人打交道，需要去支持前台人员。后台：需要非常有耐心、认真仔细。他们每一天都在做同样的事情，比如银行开户人员，不需要很强的技巧和专业技术性。面试过程中要看到每个工作所需要的人的特征。对于面试者就是要把这种特征和自己的能力结合，才可以抓住面试官的眼球。

首先是"表"，这是面试前需要准备的，了解各种面试类型。面试类型有很多种：书面面试、电话面试、单人面试、标准面试、压力面试、群体面试、背景调查、日常观察。这里给大家解释一下这些类型。标准面试：你和所有竞争者拿到同样的题，相同的考卷或者问卷调查。压力面试、群体面试：一个面试者面对五六个面试官，或者反过来。你需要去抢答，会感到有压力。背景调查、日常观察：人职时需要签一份个人信息协议，雇主可以在许可之下作背景调查，如对学校档案、之前的工作等作调查，如果发现与你提供的信息有出入，雇主有权收回offer；日常观察很好理解，实习就是一个很通用的日常观察的方法。

面试官希望找到什么样的人？有两种人，第一种可以带动团队的情绪，不带来负能量，这种人通常是建设者；还有一种是维持者，不会多加班也不会迟到，拿多少工资干多少活。企业里需要很多维持者来维持基本工作量，但是每一年升职加薪的时候，会把这个机会给建设者。建设者和维持者最大的差别在于，建设者可以让人看到潜力、领导力、团队合作观念。所以在面试的时候，每一次都希望能够招到建设者。

在见到面试官之前我们需要了解一些面试的基本问题。那么接下来，正式进入面试之后，就要说到"里"。"里"，就是展示过去。提到过去的行为是非常常见的一种问题。第一个问题：请介绍一下自己。其实这是一个非常好的机会去再次介绍自己。在一页纸的简历中没有办法将你的特点完全展示出来，这时可以把更加生活化的亮点说出来，这些点需要去回应你在简历中所说的亮点，多说一些生活内容和个性特征，而不是简历里的内容。加分的回答方式，是展现自己的亮点，而不是复述简历。

关于过去行为的问题，其实回答起来非常简单，按照记叙文六要素：背景是时间、地点、人物，行为是起因、经过，价值就是结果。意思就是，这件事情的背景如何，在什么样的情况下发生，遇到什么样的困难，在你加入之前是什么状况，你加入之后做了什么，最终有什么结果，你增加了什么样的价值。这是展示个人价值的时候。

情景假设问题。"如果你是大学校长，一些学生出现了严重的食物中毒，你会如何处理？"这种问题没有对错，没有标准答案，是为了看到回答者性格中的亮点，以更加合理地安排员工今后的工作岗位。有一个真实案例，一个外资银行里的收纳员，在某一天对账的时候他发现少了 1 分钱，于是他就用自己的钱填平了，最后这个员工被解雇了。其实这不是一分钱的问题，账平不了的原因究竟是什么，你填平它实际上是掩盖了系统中的大问题。一些同学会想尽所有办法去解决这个问题，这样的人是有韧性的和执着的；还有同学会说去查资料或者寻求帮助，这样的人是会利用自己外部的数据，还有寻求别人协助的亮点，是非常好的 team player。假设情景问题没有对错，第一个出现在你脑中的想法都是对的。面试官希望从回答中，更好地分析你，把你放在更合适你的性格特征的岗位上去。

案例面试。面试官作为观察者观察案例面试的过程。通常投行、咨询公司面试的时候用得比较多。面试者会被分为不同的参与身份，有的人成为小组长负责控制场面，思维发散的人会有很多新奇的想法，timer 负责控制进度，还有会做很好总结的人。每个人都要对自己有很好的了解，展现自己最擅长的一面。在做案例分析的时候，第一要先分析自己的性格特征；第二要了解团队成员的性格特征，这样你才能做到游刃有余。面试官在这过程中，会考量你的角色的戏份是否足够，说的问题是否有价值，是否能成功说服别人。

深入探索问题。在中国有多少所小学？这样的问题，并不需要一个精准的答案，需要的是看到你逻辑思维的过程，表现出你是一个会思考的人。遇到这种问题的时候一定不能紧张。

动机匹配问题是在过去行为之外一定要掌握的问题的种类。比如，你最大的缺点是什么？一定不要把你的优点说成是缺点。可以说出缺点，但是一定要说出你在做采取样的行动去改变它。面试官希望看到的是：第一，对自己有非常好的认识，看到自己有什么短板；第二，在看到问题时你怎样去改变，这意味着你看到了自己的问题，那么在不久的将来这就不是问题了。再比如说，你喜欢什么样的老板？大家说出自己的真实想法就好。找工作是双向选择，如果这个工作给你很多发展空间、培训机会，让你觉得有上升的可能，你选择它是可以的。若是这个工作让你觉得没有上升空间或是存在其他问题，那么你就可以不做了。所以在遇到这种问题时，把你最真实的想法说出来，因为是否合适、你是否喜欢，决定了你能做多久、是否能适应这份工作以及你的上升空间有多大。

最后，关于"一"，做你自己。比如面试官会问，你还有什么问题想问吗？这最后一个问题是再次展现自己野心的机会。第一，要告诉面试官我是做了功课来的，我了解这个公司的企业文化，我知道这个岗位需要什么样的人；第二，表达我真的很想来这个公司，很珍惜这个机会，所以你可以问面试官在公司做了这么久，他的经验有什么，或者这个职位上最具挑战性的内容是什么，甚至人员培养计划，这都是在告诉面试官，你是在思考的，你想要进一步去了解这个职位。这种问题是可以帮你加分的，并且，没有人会不愿意与你分享自己的经验。

应该做和不要做的事：说"我"，不要说"我们"；说你所想，不要猜测；突出强项，不要伪装。不真实的一个答案，会让面试官对你所有的回答都打上问号，一定要实事求是，不要伪装。

第一份工作真的非常重要，但是在工作面前不要变成"好好先生"，工作可以长久并且热情地去干，成为长期的事业，需要你去喜欢它，并且你可以适应这个工作环境。所以不要因为一份工作而接受一份工作，要因为你看到这份工作的潜能，以及你能为它付出多少来做决定。宁可多花一点时间，也不要做了几天就放弃、再去换。这其中的时间和机会成本实在是太高了。大家会说害怕面试，其实我们也怕，但是越怕我们就越会去做。总结之前的经验，把它带到下一场面试中去。你自己才能让你成功，意思就是，早做准备，越早越好，准备到什么程度，就意味着你有多大的成功。

打造王牌简历
——求职路上第一块"敲门砖"

主讲嘉宾：刘学英

> 乔布堂《简历特训——打造个人职业品牌》特聘讲师，第一届、第二届全国大学生简历大赛组委会委员、评委

讲座实录

➤ 关于简历的常识

简历的内容应该控制在一页。

省去无关或不重要的内容。

使用动词搭配数字让简历更充实。

突出亮点，有的放矢地投简历来提高命中率。

简历最上方不要写"简历"或者"个人简历"作为标题。

个人经历部分不一定要按照时间顺序来写。

➤ 关于个人简介

● 必须填写的部分。

证件照片：建议放一张形象气质好（标准：脸上能荡漾出一种傻傻的幸福感）的求职照，但不要 P 得太过分，否则 HR 的落差会很大。男生头发要短，显得比较干练；女生化淡妆，额头要露出来，显得比较自信。

联系方式：一定要填写。手机号码推荐使用三四四格式；邮箱一定要写，使用 163 或者 126 之类的商务型邮箱更为合适。建议不要使用 QQ 邮箱，如习惯使用 QQ 邮箱，须在使用之前将名字改成姓名＋联系方式等格式，显得比较商务，切忌出现个性化网名。

政治面貌：如果是党员，一定要写。一般情况下，只有各方面都优秀的学生才有机会在大学入党。不管应聘国企还是外企，党员都是加分项。

● 无须填写的部分。

班级、婚姻状况、健康状况、性别、学校地址、家庭地址、邮编。

婚姻状况不需要写，这比较隐私，而且对求职帮助不大。

健康状况不需要写，因为大家几乎都写好的，入职后也会进行体检，也就失去了意义。

民族不需要写，但是如果有清真饮食习惯的话，可以写上去。

学校地址、邮编等众所周知的信息也无填写的意义。

● 视情况而定的部分。

年龄、籍贯是一个可写可不写的项目，有的企业喜欢本地人，有的企业喜欢外地人，但大都没有明确的偏好，如果企业有非常明确的要求要招哪里人，最好写上去，没有要求就不要写了。

职场当中不同岗位对性别有不同的偏好，如机械化工偏爱男生，文秘前台偏爱女生，所以如果应聘岗位对性别有明确要求了，就写上去，否则就不要写。

总之，个人信息必须写的是姓名、手机、邮箱；其他信息根据企业和岗位来确定，加分项可以写，非加分项则省略。

➤ 关于简历正文

"鸭子理论"：在简历正文方面，HR 看一份简历一般是 8 秒钟，一份好的简历也大约只需 20 秒。简历一定要突出"鸭嘴"和"鸭掌"（即特征），突出核心竞争力，能让 HR 一眼就能看出应聘者适合做什么。

"海飞丝"与去头屑，"怕上火"与王老吉，好的品牌就是突出自己的特点，给人留下深刻的印象。写简历就像打造一个职业品牌，突出自己的核心竞争力。一份简历不要把自己所有的都写上去，要专注到一个点上，而这个点正好与求职意向契合。

具体板块：整份简历排序要根据相关性来排。

● 教育背景。必须写时间、学校、专业、学历，要加粗放到一行。此外，如果应聘专业性强的职位，可写上主修课程，如果成绩不错，推荐加上成绩、绩点和排名，格式要统一。

● 实践经历。与求职意向相关的往前放，重要的往前放。在其他经历中，写能够突出自己专业技能的经历。内容要针对应聘岗位，在应聘之前做到充分了解，可以通过与师兄师姐交流、去网上搜索等方式来了解岗位和行业，了解该行业该岗位看中的能力和品质，平时着重培养，写时重点突出；措辞要具体、简洁、条理，注重使用动词和数字，采用短句去写，体现自己的个人能力和核心竞争力；易于阅读。

● 个人技能。突出自己能使用什么软件，有什么证书，有什么技能，也可以放到教育背景下面、相关经历前面。

● 奖项。相关的奖项往前放，含金量高的往前放，跟求职意向有关的往前放，重点突出，可以加粗。

● 自我评价和兴趣爱好。如果简历内容不充实，可以加上，写的话要根据岗位去写，突出特质。但老师不建议写。

● 求职意向。现实中大部分企业都希望简历中标注求职意向，求职意向是一份简历的灵魂，放到个人信息的里面或下方。

➤ 关于简历外观

在简历外观方面，不要害怕使用模板，模板反而更易于用人单位阅读。简历重要的是内容，外观上不要过于花哨。

不要加表格和一些条条框框！

不要做创新性简历！

不要有封皮！

人大师兄师姐带你玩转外企
——校友职场分享会

主讲嘉宾：

陈方星（Sammie Chen）

1997 年本科毕业于中国人民大学劳动人事学院劳动经济专业。2001 年加入哈里伯顿（中国）能源服务有限公司，担任中国区人事主管。曾任职于北京空港航空地面服务有限公司、巴斯夫（中国）有限公司

许靓（Victor Xu）

2014 年本科毕业于中国人民大学外国语学院与商学院，取得英语与工商管理双学位。2014 年加入毕马威，现任职于审计部

讲座实录

主持人：大家下午好，今天我们请到两位嘉宾给大家分享他们的职场经验，一位是 HR 大咖，一位是职场新人。接下来首先介绍两位的经历。

陈方星：我叫陈方星，1997 年毕业于劳人院，毕业后任职的第一家公司是北京空港航空地面服务公司，是首都机场和新加坡合资的公司。在那里工作了 3 年，由于一个机会进入巴斯夫公司。在巴斯夫公司一个没有编制的 HR 职位，我

在那里工作了一年，学到了很多东西。2001 年加入了哈里伯顿。哈里伯顿无论是利润还是人力资源，仅次于斯伦贝谢。我尽量从 HR 的角度给大家提建议，希望能对大家的求职有帮助。

许　靓：我去年刚从学校毕业，在学校读的是英语和工商管理双学位。我是做审计的，就职于毕马威华振律师事务所。

主持人：大家想知道如何过五关斩六将拿到 offer，许靓毕竟有经验，请你分享一下。

许　靓：我拿到 offer 是在 2013 年 9 月份，我提前参加过 KPMG 的实习，直接跳过了笔试和经理面试。一般的流程是：申请——笔试——经理面试——合伙人面试，通过了 HR 会发邮件。这两步实习的时候免不了，当时通知我参加笔试。笔试内容，第一部分是逻辑思维，第二部分测试数字思维，都比较简单。

主持人：作为求职者，我想知道，你们公司招聘人是什么流程。

陈方星：由于行业的原因，我们招聘的都是工科生。一般都会是 HR 亲自出马，带人到学校做宣讲会，主要是让大家对公司和行业有一个清楚的认识。现场收简历，当天回酒店看，一晚上看几百份，之后马上在学校面试。

主持人：简历主要看哪几点？

陈方星：大家都喜欢把比较多的内容放在简历上，从 HR 的角度来说，我看一份简历不会超过半分钟，如果有什么吸引住我，我才会再仔细看。与众不同的地方，正是我们需要的地方。

主持人：大家以后不要以一份简历应付所有的公司。

陈方星：应对不同的公司，肯定有你特长的地方，需要找到个人与公司的契合点。这样才是最有帮助的。

主持人：不同公司对个人闪光点的要求是不一样的。如许靓性格开朗，在 KPMG 是很需要的。那么你们的用人要求是什么呢？

陈方星：我们需要吃苦耐劳、不怕脏的。英语在外企是需要的，用英语作个人介绍，只能反映吃苦耐劳，不能反映个人能力。技术是可以学的，我们需要的是一个人学习的能力。我们会在应聘者中挑选 20～30 人，请他们吃饭。我们让大家放松，不会设置严肃的环境。

主持人：既然是以男生为主，这样如何考察？

陈方星：内容不是关键的东西，我们考虑的是新来的人能不能融入到大家的环境中。专业和英语水平到公司以后是可以慢慢培养的。但是人的本性，对于一个 20 多岁的大学生来说已经刻在骨子里了。所以我们安排了这么一个饭局。

主持人：你刚才提到专业知识不是最看重的，能力、性格特点才是最看重的。

陈方星：最看重的是人品。人都希望把自己最好的一面展示出来，但是有时候你越想掩饰就越会暴露出来。

主持人：HR 会采取压力面试吗？

陈方星：我想我们不会，就算你到不了哈里伯顿，以后也会持续关注的，我们给大家的印象还是十分体贴的，我们站在大家的角度，让大家觉得我们真的不错。

主持人：下面我们聊聊生活方面的内容。

许　靓：先说点好的吧，这是忙季之前的最后一天。接下来我的带薪假一直休到 11 月 8 号。大家可以揣测一下假期很多的背后是一种怎样的情况。

主持人：您那边公司的情况是怎样的呢？

陈方星：哈里伯顿还是比较美国化的公司，从 CEO 到员工都是一样的。我们办公室的人也不鼓励大家加班，公司也给大家办健身卡。现场的员工就比较辛苦了。从工程师发过来的照片来看，他们都是十分辛苦的。从公司的角度来说，我们也希望能让大家休息一下。

主持人：你这样刚入职的员工，升职是怎样一个过程？

许　靓：5 年可以成为经理，8 年会成为高级经理，之后再考察是不是有发掘客户的能力和带领团队的能力。11 年会成为合伙人，如果不能当选，在 13—16 年期间，会有补选合伙人的大会。如果一直不能升上去，个人情绪失控的话会离职。

主持人：我们都知道"四大"的离职率是非常高的，那么离职之后的人做什么呢？

许　靓：进入外企、券商、基金单位，或者国家事业单位。以前觉得奇怪，现在觉得不奇怪。我们这 80％是女同事，女同事面临结婚的压力，不适应这种高强度的体力劳动，会选择去事业单位。也有部分员工会选择创业。

陈方星：我们的升职路线，类似地铁路线图，在网上都是公开的。年限是一方面，还有 HR 的系统使用程度等诸多别的指标以及和员工沟通的能力。

主持人：从人气的角度来看，外企和国企的区别是什么？

陈方星：英文名这件事，就是对外企人气这件事的直观反映。说到人际关系，CEO 来到中国，大家互相之间称呼名字。有时候还给别人起小名，大家互相之间都是这样的关系。整个环境，不会让人觉得有特别复杂的人际关系。我觉得还是挺简单的。如果让我接受一个新的环境，我会觉得十分困难。民营企业，这方面会差一点。

主持人：针对两位的情况，我想问一个感兴趣的问题，如何很好地适应从大学生成为一个职场人士的转变？

许　靓：别人对你做事的不满，需要虚心接受。在外企的时候发现自己挺笨的，你不能灰心。当你发现下一批来的人更笨的时候，要乐意去帮助他们。还是希望大家不要顾及面子。

学生提问：我想知道企业在北京户口的问题上是怎么处理的？

许　靓：外资企业在获得进京户口上多纳税才能获得更多的指标。从分配上来说，如果有海外学习经历，或者多国的会计证书，是有加分的。

陈方星：我们会努力帮大家争取指标。后来指标不够的话，我们就不要了。这种不公平影响太大了。

学生提问：嘉宾您好，如何在很早的时候，就对自己所从事的职业有所规划呢？

陈方星：我上学的那段时间外企还是很风光的，那时候就对外企十分感兴趣。大家干什么的都有，我觉得自己还是更喜欢和人打交道。还有一点就是成就感，成就感让我挺受用的。

展示完美自我——面试成功之路

主讲嘉宾：郭广文

职慧志愿讲师

卓越体验管理顾问公司首席学习顾问，总经理

西门子管理学院、惠普商学院特聘顾问，国务院国资委、国家财政部培训中心特聘讲师

清华大学经管学院、信息管理学院特聘讲师，美国培训与管理协会（ASTD）会员

曾任人众人管理顾问公司总经理、北京校长，中国惠普项目经理、惠普全球培训流程顾问

《赢在中国》沙盘模拟项目设计、实施者，中国惠普质量管理最具创意项目奖，孙振耀、郭为参与央视《对话》节目惠普队场上队长，中国惠普 360 度领导力测评项目经理

讲座实录

郭广文：各位同学，大家晚上好。在场有个同学提到无领导面试这个名词，

很好，选拔高管时就经常用到无领导小组面试。那么，站在面试官的角度来讲，什么是一次成功的面试？标准答案是面试官没有看走眼，合适的能在公司留下，不合适的剔除了。而面试的准备工作应该从何时开始？大家应该从这一刹那开始，大家今后进了公司也会用到面试的技巧。

评价人的方式很多，面试是评价申请人最常用的方法，最初的几十秒内面试官就能筛选出你的简历，判断你是否适合，你需要最短时间内给面试官留下好的印象。首先外表会很有影响，大部分面试官都会根据外表定下第一印象，只有少数经验丰富的面试官能避免这一点。另外，虽然每份工作都是独特的，但不需要为每份工作专门设计面试指南，面试的很多方面是共通的。短时间内能介绍清楚自己的特点是一件困难的事，要能概括好自己的人，知道什么是自己需要的和不需要的。

下面我来讲一下成功面试的四条秘诀："表里如一"。表：表现；里：经历；如：假设；一：一致。

表：面试准备

面试种类非常多，有单独面试、群体面试、电话面试、竞争性的或者合作性的面试。群体面试是一个组一起面试，分为合作性群体面试和竞争性群体面试，合作性面试不一定是好事，竞争性面试也不一定是坏事，在竞争性面试中更能突出你的优秀，也可能给别人垫底，但都不是坏事。在竞争性面试里，不一定是最厉害的人会被录取，要理解岗位需求，最怕的就是只表达自己的人。而在电话面试中，你最需要注意的三件事则是：一是积极开心的状态；二是礼貌；三是介绍清楚自己，给对方留下好印象。

下面给大家看一段视频，通过视频可以知道，在面试前，一定要多了解你面试的公司、行业情况以及面试官，寻找熟人联系或者通过领英，多了解公司文化，增加共同语言。（播放视频）

一般来说，员工分为建设者、破坏者、维持者。维持者是只干分内的工作。破坏者经常破坏工作。建设者能做出有成果的工作。面试官最想要的是建设者。

里：展示过去

面试官想要了解你的知识、技能、态度，其中最关键的是态度，态度里重要的是责任感。面试官通常会让你讲过去的经历，从中了解你的特质，看你是否适合这个岗位，最主要的目的是了解你的专长和缺点。你要学会介绍清楚自己的特质，要将曾经经历的最困难的地方展示出来，突出你是如何克服困难的，最后有何收获。上面视频中展示的联想一个重要的管理操作叫复盘，不仅会在面试中需要，工作中也会用到。讲座现场有一位同学简短分享了过去的经验，从中她展现了自己的抗压力、协调组织力，并用具体的事实加以佐证，说得很好。我认为其中特别关键的是要展示成功的结果，过程辛苦和得到的结果不一定是一致的。而如果要展示自己的情况，首先要做到诚信，其次，一定要用简洁的语句表达自己的特点。

面试官关于过去行为最常问的问题：其一，就是你在工作学习中有成就感的事，这个事情不会很多，要有对比和数据来证明为何是最有成就感的。其二，你怎么和难以相处的人打交道，用什么方法不重要，要联系场景。其三，是否遇到过很大压力，若到了研究生都未曾遇到大压力，说明你没有主动寻找过压力，在几年内需要重点锻炼，释放潜力。其四，告诉面试官，曾有过你有很好的主意却无人关注的情形，并说明你是如何解决的。其五，举一个你遇到极大困难的例子，要告诉对方困难后的收获。其六，举例证明自己的学习能力，这方面相信大家都很强。

如：回应假设

如果假设一个情境：假若你是互联网金融公司高管，你是否会扩展业务到传统金融领域？如何给聋子设定闹钟？老板让加班你如何做（当父母远道而来时）？其实老板真正要的是结果，工作场合可以协调，这些问题考察的都是你的理解和洞察力，答案没有对错，怎么回答取决于你对工作的理解，面试的时候不要伪装自己。

还会有深入探索的问题：介绍一下你家乡的特色，其中将故事讲得有趣十分重要；你对自己今天的表现如何评价？这考察的是你是否用心体验过程。面试中什么可以做得更好？这是最需要的，所有这些问题看起来平常，但背后有很多意义。

一：匹配动机

面试的时候你同样在面试面试官，一定要找到自己最适合的，才能把工作做得长久。举一些动机匹配的问题：你认为自己三年后是什么样子？你为什么对这个工作感兴趣？崇拜什么人？最喜欢什么样的工作环境？如果一个人没什么很在意的东西是比较糟糕的，这意味着他可能缺乏上进心。最主要的优缺点是什么？一个人没有缺点就没有差距，要讲清缺点的后果，缺点反而有可能加分。

做你自己。把握住应该做与不该做的，要学会拒绝，说你所想，不猜测，说"我"，突出强项不伪装，伪装自己是要付出代价的。

我们今天一共聊了四个方面，结论是要做你喜欢的事情。如乔布斯所说，人类用感性思维的时代到了，只有你才能让自己成功。今天的主要内容就这么多，感谢大家的聆听。

互动环节

问：面试官问你还有什么问题时如何回应？

答：如果没有问题可以直接回答，或者可以问企业文化。

问：可以问薪资要求吗？是应该提平均水平还是什么？（假如知道）

答：大公司就说跟随平均水平，表明自己能干好符合相应薪资水平的工作。

问：四类情境中最难的是"里"，我很难迅速反应想起自己的经历，如何快速调出？

答：吾日三省吾身，可以向老师表示你已经理解了他的问题，然后留下思考空间。

问：问你还投了哪些公司，有哪些其他打算，该怎么回答？

答：不会具体点名，只会说大致追求的岗位。

问：问待遇时如何委婉？

答：要有铺垫，谨慎对待，户口的问题可以直接问。

问：关于案例面试，怎么理解？

答：与业务相关才叫案例。

稳扎稳打，调整求职心态

主讲嘉宾：胡邓

中国人民大学心理健康教育与咨询中心主任　博士

嘉宾语录：

> 我们一定要接纳这个世界上有"命运"这个词，生命中有一些事情，我们做再多的努力都无法改变结果。每个人都会有绝望的时候，所有人都会有痛不欲生的时候，但在我们绝望的时候，我们要想，有没有一扇窗可能会打开。

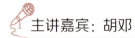

节目实录

胡　邓：大家好。今天我主要讲一下求职心态调整——绝望中寻找希望，同时和大家分享一些自己的看法。

第一个话题，命运。

我想问一下大家有没有想过命运这个词，什么是命运？人有没有命运？我们要不要相信命运？过去几十年，有一个唯物主义者使我们相信人定胜天。人定胜天，你们认同吗？我认为有一定道理，但是对人危害性极大。如果人定能够胜天，那么这个世界就乱了。肯定是天有天数，人有命数，所以说你们要相信，这个世界上是有命运，或者说有天命的。

××大学数学系曾有一个保送来的学生，开学第十天，在宿舍上吊自杀了。遗书上写的是："我是××省的奥数冠军，理科第一名，保送过来的，居然连数学题都做不出来，无颜见江东父老，没有理由活下去"。2011年心理健康课上我给同学们讲了这个故事，讲完后学生们都笑了，我见他们都在笑，就问他们原因。一个同学就说："老师，谁出的这么难的题啊？"当时我的第一反应是，完全不同的两种思维导致人的命运截然不同。第一种思维模式是人定胜天，只要努力我就能成功，只要打拼我就能赢，我一定能战胜命运，我是最厉害的，所以当数学题做不出来了，不厉害了，就轻生了。而这位同学的思维模式是什么呢？我没问题，是老师有问题，不应该出这么难的题。转换思维方式不光导致他活下来了，而且活得还挺滋润。

还有一件事，我的印象也比较深。有一天，××大学有个男生在高楼顶上站着，然后同学们发现了，就要去救他，心理咨询中心的主任、保卫处等其他部门的许多老师都来了，去劝解。大家猜一下这个男生的问题是什么？这个男生向一个女生表白了三年，一直遭拒，他就觉得：我三年的苦心怎么就换不来你的真情呢？人定胜天啊，当年我努力三年考上了××大学，怎么追你比考大学还要难呢！

我们一定要接纳这个世界上有"命运"这个词，生命中有一些事情，我们做再多的努力都无法改变结果。俞敏洪在同济大学做过一个著名的演讲《相貌与成功的关系》。他说，当年他以北大英语系最后一名的成绩进入北大，他发誓，努力学习四年，一定要用全班 GPA 第一名出国。结果经过四年努力，毕业时，他的 GPA 全班倒数第五。俞敏洪发表感叹，有些事情，不是通过努力就能改变的，还是有命的，还是有运的。但后来，他们班当年 GPA 前五名全部在新东方当老师。所以，我们要认清这个世界有命运这个事情。

下面说一下我考博的经历，一段很简单的经历，但是也很惊心动魄。我就像人民大学的一棵树，在这儿长了 20 多年。1988 年高考进入中共党史系直到本科毕业，中间我脱离了党史，去学了哲学，因为我喜欢西方哲学。后来去考西方哲学研究生，外语没过，然后就留校工作了。工作后我想读在职研究生，当时在职研究生招得不多，1996年哲学院第一年招哲学在职研究生时，我马上就去考了，读了4年，2000年毕业。毕业后自由旅行了两年，当时就想放松两年再考博，2002年时决定2003年考，当时考完英语差了11分，那年英语线是50分。2003年暑假后开始拼命学习，参加了2004年的考试，但成绩出来后，发现我英语考了49分，差了1分。英语分出来我就想办法找特批，有位领导跟我讲，现在情况比较复杂，你虽然总分和专业课都是第一，但是你英语没过线，在你导师那里排名排不了第一。没办法，我只能认命。命运发生戏剧性的变化是在两天后，老师主动给我打电话，问我："胡邓，你想上吗？"我说当然想。他说："那你可以来办手续了，前面有人同时被其他学校录取了，你外语差0.5，可以特批，顺理成章。"特批后，研究生院有要求，说特批的需要交培养费，要交3.6万元，不住宿可以打折到2.4万，2004年工资也就1 000多块，因为我爱旅游，工作十年没有什么积蓄，只能向父亲借钱上了这个博士。这就是我的故事。

我们要认社会不公平的命，社会就是这样。曾经有个出租车司机写过一篇帖子，帖子上说拉过一个学生，这个学生最近找工作，上车就对着司机抱怨官二代、富二代，说自己这么辛苦拼不过他们，埋怨这是一个拼爹的时代。司机就问他，你希望你的儿子也这么辛苦地找工作吗？学生答不希望。司机又问，那你是不是也希望你儿子有人"罩"着呀？学生说对啊。司机说那你就该努力啊，那些官一代、富一代年轻时候吃的那些苦你知道吗？他们辛苦工作、摆地摊的时候你见过吗？所以你需要现在努力吃苦，才能给你孩子创造良好条件，才能让你的孩子不像你一样辛苦。

大家知道有个餐厅叫湘鄂情，很大的餐饮公司，位于深圳蛇口码头，老板是湖北武汉人，老板娘是湖南人，所以餐厅就叫湘鄂情。当年就是三张桌子的小餐馆，后来慢慢发展成了很大的餐饮公司。他们当年的苦你见过吗？所以要想让你的儿子不吃苦，你现在就要吃苦。官二代、富二代的苦多数父辈已经帮他们吃过了。那我们要怎么做？我们要与命运和好，接纳我们不可能完全做到人定胜天，接纳这个社会没有绝对的公平，接纳现实的残酷。

第二个重要的话题，人脉。

21世纪，除了你的个人能力以外，最重要的就是人脉。对于工作，我建议运用所有人际关系帮助你就业，帮助你跨过职业生涯的第一个门槛。有的同学说，我要按公平走，走正义的途径。我说可以有，但是难度大。笔试第一名，面试被刷下来的情况有很多，"黑幕"的确是存在的，所以告诉大家一句话，人际关系很重要。

如果你现在还没毕业，还是大二、大三，请你记住在暑假、寒假时，多参加公益活动、社团活动等。有个学生大一入学时，因为家里经济条件不是很好，就去勤工助学当家教，辅导了一个小孩小升初，初升高，高升大，最后这个孩子的家长帮助这位学生在北京找到了工作。所以，有时，关系是需要自己制造的。

还有一个成都的女孩，大三暑假时，去了宋庆龄基金会当志愿者，在那碰到了同校的一个师兄，这位师兄发现她普通话不错，就推荐她去了法国教汉语，她这个师兄在国家汉办工作，也就是孔子学院的上级领导。去法国教汉语属于国家派出的，没有工资，但是国家一年包往返四张机票，到法国那边，当地负责食宿，同时每月还有 600 欧元的零花钱。这个女生前后在法国待了五年，后来回国去××大学成都学院当了法语老师。在成都 2008 年的时候月薪达到 8 000 元。

所以有的时候人际关系是"制造"出来的，我向来认为参加社团活动、公益活动绝不吃亏，你后来会发现你的生命一环套一环，和你做的事都有关系。年轻的时候不要怕吃苦，不要怕做一些好像做了又不赚钱的事。我一直相信，所有你吃的苦受的累，在你的未来生命中都会有回报，只是回报有早有晚而已。

最后，我们谈一下我们生命中的绝望与希望。每个人都会有绝望的时候，所有人都会有痛不欲生的时候，但在我们绝望的时候，我们要想，有没有一扇窗可能会打开。

××大学新闻学院有一个读本科的女生去中国青年报实习，同时去的还有一个男生，是同校的新闻硕士，在他们中二选一。当时那个办公室已经有三位女士了，想要位男士。最后这个女生被录取了，原因仅仅是因为她回答的一句话。领导问这个女孩，如果我们这儿不要你，你会怎么办？女孩就回答：那能怎么办，接着找呗。当时这个领导就决定，要这个女孩，因为她有韧性。当她接受命运的不公平，当她接纳有失败的可能，接纳自己没有办法成功的时候，她选择继续想办法。所以有的时候，真正的希望，其实在我们的内心里。所以我们常说心态决定命运。

主持人：感谢胡邓老师的精彩讲话，接下来进入自由交流时间。

学生提问：关于现在女生的就业歧视，想请您解答一下。

胡　邓：现在的女同学，在社会上受到的待遇的确是不公平的。因为单位企业在招人的时候都会有利益的考虑，假如它招一个女硕士进来，工作两年，就需要生孩子，不能干重活，还要重点保护，生孩子国家法定四个月假期，完了之后，孩子一岁之内，国家又规定，可以提前下班一个小时回家哺乳。这样，单位招女生时肯定会多加考虑。

2004年××大学新闻学院最牛的46岁女博士跳楼自杀，她是一名知名教授的博士，某最高项奖学金获得者，博士毕业发三篇核心期刊的论文就可以，她发了八篇。她的目标期待值是什么？留北京。但是为防止学术近亲，本校不能留，作为最高项奖学金获得者应该去哪儿呢，至少也是知名大学吧？但有两所知名学校都没有录取她。在学校就业指导中心的帮助下，她找到了一所相对普通的大学，但是她觉得拿过那么高项的奖学金，最后去了普通的大学，心里一时无法接受，就轻生了。所以，心态是多么的重要。

求职不焦虑，从"心"开启职场征途
——求职心理调适和就业心理健康指导

主讲嘉宾：张丽珊

国内著名心理专家，心航路中国大教育网创始人，"全国幸福学校共同体"副理事长，多家媒体特约专家撰稿人，企业顾问。已出版心理学专著 18 本

讲座实录

在这个世界上，没有目标的人帮助有目标的人实现他们的目标。大家可以想象，我们每天奔波忙碌在路上，有多少人在实现自己的目标，又有多少人帮着有目标的人实现他们的目标？于是就有了一个说法，叫穷忙族。他们天天在忙，忙得不得了，但是对自己想要的一无所知。每每面临末位淘汰时，他们总是被淘汰的，被淘汰后又显得十分沮丧。事实上，你可能就是入错行了。入错行，无论你多么辛苦，都是没有什么收获的。所以对每个人来说，职业生涯都是生活中最重要的一部分。如果你在此方面做得不好的话，就意味着劳碌，付出得多但收获得少。能不能成为一个有目标的人，召唤更多的人为你的目标而奔忙？这就是一个需要我们思考的人生问题了。

职业生涯规划应该要考虑什么方面呢？事实上就是知己、知彼。

知己是什么呢？首先要知道自己的职业价值观是什么。如果仅仅是从收入的

角度来考虑的，那么你很有可能是入错了行。第二个就是职业兴趣。很多人认为职业和兴趣应该分开，那么他们就大错特错了，他们的内心没有实现兴趣与职业的和谐统一。如果你结合好了，肯定是幸福的。

下面谈谈知彼。首先要知道岗位描述。在求职季，你会面临很多面试机会，如果不做好准备就去了，失败的可能性就会很高。每一次你满怀希望地去了，而最后你的希望落空，都会对你的自信心造成惨痛的打击。其次要看就业前景、岗位晋升空间。其实企业里很多岗位是十分没有意思的，因为它不具有不可替代性，在那些岗位上你的升职空间和自我增值的空间都很小。

接下来我们探讨九型人格，让大家更多地识人自知。人格是个体在遗传素质的基础上，通过与后天环境的相互作用，而形成的相对稳定的独特的心理和行为模式。人格测试可以反映出你的心理问题。从心理学的角度来说，我们用号码代替具体的人格类型，因为号码既包括了这一类型人格的优点，又包含了它的缺点。

一号，往好里讲叫完美型，往坏了讲叫苛责型。由此可以看出反差多大。他们有原则，追求完美，爱批判，只有"对"和"错"，没有中间地带。和一号领导相处，千万不要和他说你付出了多少，最好的方案是示弱。他们最典型的标志就是不会笑，有时候笑比哭还难看。一号的生命颜色是银灰色，他们穿银灰色的衣服特别好看。

二号，往好里讲叫助人型，往坏里讲叫讨好型。他们有爱心，关怀他人，感情丰富，占有欲强，主动，体贴，了解别人的处境，感同身受。二号的生命颜色是红色的，他们从小就是在缺少关爱的环境中成长的。面对二号同事的帮助，一定要当面感谢他。他们有一个特点，就是特别容易帮助人，特别容易没界限，有时会出卖公司的利益。

三号，往好里讲叫成就型，往坏里讲叫急功近利型。他们适应能力强，有竞争心，目标感强，注重形象，事业心重，有进取精神，注重头衔。他们的成就动机十分强烈，非常适合做销售，也最能够就业成功。

四号是艺术型。他们有创意，自我，多愁善感，情绪化，独特，最怕被批评，会有过敏的反应。他们活在自己的世界里。当他们面对爱情的时候，无论对方给予他们多少爱，他们都会觉得对方给予的和自己期望的有较大差距。他们做艺术方面的工作特别优秀，也有很多人是做计算机软件开发的。四号的生命颜色是紫色，神秘色。

五号是思考型。他们乐于求知，喜欢思考，创新，好辩，偏执，注重私人空间。他们认为人际交往没有意义。最好的职业方向是去科研场所，进入企业可能让他们无法容身。五号型的人如果去研究情商和情绪管理，那么他们就十分厉害了。他们的生命颜色是蓝色，海洋蓝。

六号叫忠诚型，也叫疑惑型。他们忠诚稳重、警觉性强、焦急、保守，钟情于自己熟悉的事物，努力实现自己的承诺。他们是危机处理专家，但同时他们有点悲观，想什么都不会朝好的方向期望。面对六号型人，你同他们说事一定要讲明白。他们是有敬畏心的，会更加兢兢业业地工作。他们的生命颜色是咖啡色，土黄色。

七号是享乐型。他们乐观、多才多艺、好动，喜欢追寻新的刺激及玩意，主意多多，喜欢保留多个选择。他们的生命颜色是绿色，就是生命的颜色。很多创业的小老板都属于这一类，他们的人脉十分丰富，但是他们往往不宣传这些，而是宣传自己的娱乐活动。现代社会给予这类人一片广阔的天地。

八号，往好里说是领袖型，往坏里说是独裁者。他们自信、果断、顽强，遇强越强，爱支配，勇于承担，个性冲动。他们的生命颜色是黑色，寓意即能量聚集。他们是最有精力的，是人群中睡眠时间最少的，非常具有煽动性。他们的脾气十分火爆，十分强势。这类人在职场中需要赢得大领导的关注，一旦被关注就会获得晋升空间。

九号是平和型。他们容易满足，平和，接纳，不专心，豁达，随和。九号人坚决不做老大，他们是择良木而栖。最适合这一类人的职位是行政副总。

人格完善的人基本这九个型号都沾，当然也会有主型号，但是每个型号都涉及会使人的人格丰满起来。

最后，我想强调一点，决定职场高度的是你的长处，扬长避短是关键。每个人都有自己的长板和短板。面对高考的时候，决定你上什么大学的是你的短板，而不是长板，这两者是有差别的。把握好你的长处，这样在职场上才能走得更远。

问答环节

问：在求职的时候，招聘启事中有专业要求，但没有对岗位的具体描述，我们可以在面试的时候提问吗？

答：这个问题非常值得求职者们关注，我的建议是第一次面试的时候就可以提问，可以让面试官看到你是带有个人的思考来参加面试的，证明你是十分有想法的。这样的提问会给他们留下深刻的印象，可能会给你的面试带来加分。

问：我想问的是，拿到 offer 之后，我们的职业发展是不是永远定格了？

答：事实上只有公务员才会永远定格，其他岗位都是可以改变的。公务员辞职会给人留下想象的空间，所以公务员一般不要轻易辞职，除非是创业。另一方面，根据调查，企业人士跳槽的次数会有 7 次左右。如果你的职业规划是去企业的话，那么只要你的跳槽次数不多于 7 次就可以了，不用担心这个问题。

从校园到职场：漫谈现状与前景

主讲嘉宾：

> 梁培杰　时任中建股份有限公司人力资源部助理总经理，现任中建股份有限公司海外事业部副总
>
> 周文霞　中国人民大学劳动人事学院教授，职业开发与管理系主任

嘉宾语录：

> 在大学，学习是主业，但要放远眼光，注意学习的广泛性，包括社团的学习和人际交往的学习等。找工作不能太功利，不要过于重视技巧，从而让技巧超越了本性。在学校重要的是发现自我，塑造自我，超越自我，要做好眼前的工作，做好小事，才能做得了大事。

节目实录

主持人：您能否先跟我们介绍一下招聘流程与简历筛选？

梁培杰：一般的招聘流程就是笔试、面试。笔试主要考查专业知识和行政能力。面试则注重形象气质和沟通领悟能力。交流时要言之有物，说到点上。至于简历筛选，基本包括三个条件：第一是专业要对口；第二是注重面试者与其单位的匹配性；第三是个人的职业资格与英语、计算机等的水平。简历要尽量简洁，但也不能遗漏重要信息。

主持人：对于当前的"考公务员热"您有什么看法？

梁培杰：对于事业单位、政府机关与企业的选择问题，没有绝对的好与不好之分，只有适合与不适合的差别。政府机关与企业各有优劣，但是对喜欢挑战的学生，我建议去企业。因为企业内的工作比较灵活，选择的机会也比较多，相对来说发展空间比较大，能更好地考验工作者的头脑与变通能力。

主持人：您觉得当前大学生在就业方面存在哪些问题？

梁培杰：首先是定位不准，好高骛远。因为自己的名牌大学身份而显得盲目，不切实际。其次就是，有些很优秀的学生因为找工作挑花眼，而错过了求职最佳时机。另外，毕业生对自己的实力往往并不了解，只有看清了自己在本届毕业生中的竞争力，才能更好地定位，找到与能力匹配的工作。

主持人：初入职场该如何处理好人际关系？

梁培杰：初入职场的年轻人还在学习阶段，对那些给予过帮助的前辈、老师、朋友要心存感激，坦诚相待，不要过于世故。人际交往，真诚是最重要的品质。

周文霞：您的校园生活是怎么度过的，有没有参加社会活动或者实习？

梁培杰：在我们那个年代，大家对于实习、就业的观念相对来说比较淡薄，主要是读书。

周文霞：所读的具体是哪类书籍？是专业方面的，还是我们所说的"闲书"？

梁培杰：有专业的书籍，但是比较大量阅读的是自己感兴趣的一些书籍，比如历史类、哲学类、人文类的一些书籍。

周文霞：您觉得哪些书对你的帮助比较大？是专业书籍呢，还是所谓的

"闲书"？

梁培杰：读专业书籍对于以后的发展有帮助，非专业的书籍对自己的思维训练很有帮助。

周文霞：梁经理您觉得实习对同学的帮助大不大？大学同学，学的是同样的课程，为什么每个人就业的结果会不同？学生们应该如何度过自己的大学生活？

梁培杰：总的来说，实习是要了解这个行业，了解自己将要从事的岗位，从而对自己有清晰的定位。实习要"走心"，用心的话，一定能学到很多的东西，否则，若只是为了简历的漂亮，那是舍本逐末了。

大学应该把时间花在学习上，学习知识与做人，不要过早地考虑以后的工作安排。

学生提问：梁经理您好，据说中建总部招人后都会下放培养，请问具体情况是怎样的？另外在中建发展的情况如何？

梁培杰：中建总部目前很少招应届毕业生，因为总部所做的一般均是统筹性的工作，所以对于应届毕业生需要下放培养，让他们了解行业以及最基础的东西，将基础打牢。

中建能给你提供足够的发展空间，发展空间很大，进步空间很大。

学生提问：您好，我是英语专业的学生，看到中建有我们专业的招聘计划。请问，这个具体有什么要求？笔试、面试的侧重点在什么地方？

梁培杰：招英语专业的学生，一般是涉及驻外的工作，因为我们在全球都有自己的分公司，所以一般是翻译岗位。

在笔试与面试中，语言能力肯定是比较重要的，另外，与建筑等相关的词汇你应该去学习一下，毕竟是在这个行业中，对这方面的词汇也会有一点要求。

周文霞：您对初入职场的同学有什么寄语？

梁培杰：初入职场的同学一般都先从基层工作做起。这时候一定要保持一个良好的心态，踏踏实实把手头的工作做好。基层工作中的表现和积累会决定你今后的职业发展。另一方面，也要对自己所在的行业和整个社会的发展保持敏感。这些都会为个人长期的发展提供动力。

一 起 去 听 就 业 沙 龙

第四章　职场素养

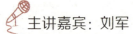

步入职场第一课——公文写作与入职准备

主讲嘉宾：刘军

中国电信集团公司办公厅副主任，中国人民大学高级职业指导顾问。1992年毕业于中国人民大学历史系，澳大利亚国立大学商学院国际（商业）管理硕士。先后就职于邮电部数据通信技术研究所、邮电部办公厅、信息产业部办公厅、中国电信集团公司综合部、中国电信杭州分公司、中国电信集团公司办公厅

讲座实录

刘 军：今天主要讲两个方面的问题：职场攻略和公文写作。

第一部分 职场攻略

一、入职准备

大家很快要离开学校走上工作岗位了，入职前需要做哪些准备？第一，学好专业。也就是你本身的专业知识和接下来工作需要的专业知识。仍在校的同学，要学好自己的专业，俗话说："基础不牢，地动山摇"。大学所学是你走向社会的

基础，帮助你养成思考问题、分析问题、解决问题的逻辑思维，但专业不能绝对决定你的人生方向。专业特征特别明显的，就业选择面反而更窄，人文综合类专业找工作空间还是比较广阔的，大家不要为自己的专业发愁，任何专业都有可以选择的工作。在学生阶段就要培养自己的长项，一个人的地位和能力应由最长项决定。以我为例，一个文科生来到一个搞数据通信的单位，文字综合能力就是我的核心竞争力，就是我突出的长项。要做到人无我有、人有我优，并且工作后要尽量巩固和发展你的长项。第二，心理准备。进入职场，是人生最重要的里程碑。在学校，环境相对比较松散；在职场，管理比较严格，有一大堆要遵守的制度和规则。有人恐惧，有人焦虑，有人无所适从，这都是正常的。可以请教职场前辈，弄清楚要面对的压力，心理有准备，就不会措手不及。第三，身体准备。体力的准备非常重要，面对工作，要有一个好的身体。从现在做起，锻炼身体，让身体强壮起来，让心态阳光起来。第四，了解要去的单位情况。包括总体情况和你从事的岗位的情况，让自己尽快进入角色，开展工作。做好以上四点，才会比较从容地融入职场。

二、初入职场

（一）对待工作。一是态度：态度决定一切，态度比能力更重要。领导更看重你的态度，能力再强都要态度积极。积极主动的，能力可以培养，长期工作可以锻炼，态度决定你在工作上能否立足、成功。二是担当：也就是责任心。遇事不推诿，敢于担当，勇于负责。三是"三快"：眼快、手快、嘴快。眼里要有工作，多观察，眼到心到手到；多做事、少说话，年轻人累不垮；不懂就问，主动帮忙，积累人脉。四是"四守"：守时、守信、守静、守拙。守时是最基本的职业素养，很重要，千万不要小看；守信，言必行，行必果，答应的事一定要做到；守静，就是古人讲的每逢大事有静气，遇事沉着冷静，不急不躁不慌乱；守拙，或者叫守愚，吃亏是福。

（二）为人处世。一要与人为善。我曾经跟人事部门的领导说，人事工作的与人为善，就是你能12月31日提拔某人，就不要等到1月1日提拔，差一天有时就是差一年。二要助人为乐。帮助别人快乐自己，这是绝对真理。助人也是助己，同时也是弘扬正能量，能够影响他人。帮助别人也是实现自己的价值，比如来这里给大家做讲座，说明我的价值得到了认可，这让我觉得很快乐。三要换位思考。孔子讲，子所不欲勿施于人。遇事要多从别人的角度着想，想想他人是怎么想的，这一点在工作中特别重要。不同的岗位要思考的问题不同，不同部门之间要互相协调、沟通、交流，换位思考能帮你打破与他人的隔阂，建立与他人的良好合作关系。四要坚守底线。法律的、道德的、纪律的底线，包括人格的底线，做人要有自己的原则，大事讲原则，小事讲风格，不能做有损于单位的事情、损人利己的事情。五要多参加集体活动。这是融入集体最快的方式，愿意参加集体活动，说明你的集体荣誉感比较强，这样的人正是组织需要的人。同时，参与使你快乐，别人通过活动也可以认识你、了解你，进而喜欢你。我刚参加工作时喜欢打篮球，是每年邮电部在京单位篮球比赛的冠军队员，这给大家留下了深刻印象。每次单位组织郊游，我都帮大妈大姐背包。总而言之，全身心地投入集体，用温暖、真诚的心对待别人，他人也会因为你的真诚友善而帮助你。

三、发展提高

如何在工作中提高自己？我的体会是有为才有位、有为才有威、有为才有味。要建立四种心态、两种精神。

（一）种子心态。种子虽小，但心里装的却是参天大树的梦想。人也是这样，要目光远大，设立远大的理想和目标。人生有目标，努力才有方向，工作才有激情，未来才有希望。国家有目标，如中国梦、美国梦。古今中外对人生目标的看法，西方比较注重个人价值，如马斯洛需求层次理论，将人类需求像阶梯一样从低到高按层次分为五种。中国传统主流文化和价值观，比较注重个人与国家、与社会的关系。如孔子为天下士人设立的标准是：修身、齐家、治国、平天下；庄子崇尚"内圣外王"；《左传》讲"三立"：立德、立功、立言。大家在工作中、生活中都需要树立目标，要树立"跳起来才够得着的目标"，因为孔子说"取法乎上仅得其中，取法乎中得其下"。高远目标与阶段目标结合，每个阶段要有每个阶段的目标，一个一个地实现它。

（二）雄鹰心态。鹰在空中盘旋，地上一旦出现目标，马上俯冲下来将其抓获。人也是一样，既要站得高、看得远，又要有很强的执行能力；既要仰望星空，把眼光放长远，又要脚踏实地、真抓实干，也就是马克思讲的"一个行动胜过一打纲领"。在工作中，要增强执行能力，脚踏实地把工作做好。

（三）空杯心态。现代人才学里的蓄电池理论告诉我们，要持续学习、善于学习，不断充实自己，多学习对工作、对人生有帮助的知识。三人行必有我师，要向领导学，向同事学，向周围的朋友学，不要躺在成绩里、功劳簿上睡大觉。习近平主席讲：打铁还需自身硬。狭路相逢勇者胜，亮剑不仅要有亮剑的勇气，还要有克敌制胜的本领。

（四）阳光心态。掌握吸引力法则，不要抱怨，多从正面看事情，始终保持积极向上的心态，凡事往好处想，但要做最坏的打算；学会化危为机，把握主动。

（五）创新精神。创新才有存在感。工作日复一日，看似在重复，但一定要多观察、多思考，寻找创新突破之处，墨守成规不会有大出息。我在杭州工作时，领导实施了营业厅向卖场化转型，提出了很多新的营销理念和方法，其实是引领了整个行业的卖场化转型。

（六）钉钉子精神。做事要像钉钉子，专注、认真、一丝不苟。要有"踏石留印，抓铁有痕"的劲头，有计划、有安排，更要狠抓落实。

此外，要勤于学，善于思，敏于行，严要求，不断提高三个方面的能力和水平：分析判断能力和政策水平，语言表达能力和文字水平，组织协调能力和办事水平。要掌握时间管理工具，学会科学管理自己的时间，分清轻重缓急，合理安排，提高效率。

四、管理压力

压力来了怎么办？首先要了解自己，这是前提。其次，凡事往好处想，既来之则顺之，把压力往对自己有利的方向化解转移。再次，可以尝试用一些具体方法减压，比如唱歌、听音乐、运动，深呼吸也很有效，还应该经常看看周围的帅哥美女。

第二部分　公文写作

公文是一个单位的门面，是这个单位与外界沟通的载体。文字水平的高低，很大程度上体现你这个单位工作水平的高低。公文往往是起草者认识水平、知识水平、表达能力、写作水平等各种能力的综合体现。所以，要想写好公文，首先要提高认识水平，广泛积累知识。其次要学习写作的基础知识，掌握写作的基本规律。最后要善于把掌握的写作知识和思想认识水平结合起来、体现出来。今天我主要就如何写好公文谈一些体会，供大家参考。

一、写作的基础知识

三个基础要素，概括起来是三个词、六个字：主题：主题是文章的灵魂。每篇文章都有主题和中心思想，让人一看就知道这篇文章要说什么。主题一般在文章开头就要体现出来。材料：也就是内容，是文章的血肉。材料和主题是组成文章的两大要素，两者相辅相成，缺一不可，主题靠材料来表现，材料由主题来统率。结构：结构是文章的骨骼，没有骨架支撑不了灵魂和血肉。三者的关系：主题解决的是言之有理的问题；材料解决的是言之有物的问题；结构解决的是言之有序的问题。只有三者关系处理好，才是一篇好文章。

各种不同的文体对文字有不同的要求。诗歌要合辙押韵，读起来好听、朗朗上口；小说要见人见景、栩栩如生。公文是特殊的文体，不同于文学作品，应该是提出问题、分析问题、解决问题，是为了推动工作开展，而不是为了抒发文采、展示作者才华。这就决定了公文必须反映实际，以解决问题为要旨，避免把时间精力花在概念、词句、提法的新奇上、文章架构的工整上。那么，好文章的标准是什么呢？"简、浅、显。"就是不要故意把问题在表述上搞得过于复杂、玄虚。问题本身可能是复杂的，但是在文字表述上一定要让人易于懂、易于明白。

二、公文撰写

（一）基本要求。公文是一种特殊的"文章"，因此，在起草公文的过程中必须遵循特殊的规律，达到一定的质量标准。有九个方面的基本要求：符合党和国家方针政策和法律法规、符合上级的有关指示、与现有公文相衔接、完整准确体现发文单位的意图、全面准确反映单位的实际情况、提出的政策措施切实可行、表述准确严密、文字精确简练、文种使用恰当。

（二）语言要求。语言是主旨和目的的载体，公文的语言有其自身的特点，主要表现在四个方面：准确、规范、简明、得体。准确是指用词、造句精准贴切，句子与句子之间逻辑严密，让人一看就懂，不产生误解。规范是指公文的语言除了遵守基本的语法规范外，还应遵守相关的公文语言标准。比如，要使用规范的现代汉语书面语，禁用口语、方言；使用规范的文字，不用别字、错字及不规范的简化字；使用规范的词语，尤其是专业术语，禁用半文半白、中文夹杂不必要的英文单词、生造词语及网络语言；正确使用标点符号，按照国家标准使用汉字数字和阿拉伯数字。简明包含两个方面：一是简洁，文字简练，言简意赅；二是明了，清楚明白，表述准确。具体要求为：开门见山，直陈其事，不兜圈子；使用规范化简称；多用陈述句、祈使句，少用描写句，慎用疑问句和感叹句。得体包含庄重、通俗两方面的要求：庄重指文风文雅庄重，严肃认真，用词谦虚恭敬，诚挚恳切，体现出对对方的尊重；通俗指语言平实易懂，用语肯定明确，让受文者容易明白发文者的意思。

（三）公文结构。指公文特定的整体构造，是对公文主旨和材料的合理组织和衔接，是公文内容的内部联系和外部形式的统一。主要表现为：完整性、连贯性和严密性。

结构安排的主要原则：一是为表达的主题服务。二是反映事物的内在联系。三是要符合思维的逻辑规律。四是适应不同文种的特点。

结构安排的主要方法：公文结构主要包括开头、结尾、层次、段落、过渡、照应。安排结构，就是将公文结构的各要素进行合理组织，使其成为统一的整体。一般来说，公文的正文由开头、主体和结尾三部分构成。开头（根据原由）＋主体（具体事项）＋结尾（要求或结语），为典型的三层式结构。

三、综合材料的撰写

（一）几个基本要求：第一，确定主题和思路，给文章"定调子"。这是灵魂和方向。第二，把握结构，给文章"搭架子"。关键是列好提纲，保证大事、要事的完整，提纲的质量决定文章的质量。第三，充分占有材料，让文章有血有肉。选材的原则是"多""精""准""新""典型"。第四，理清层次，做到前后照应、有条不紊。总结工作不提要求，分析形势提要求应该宏观和原则，部署工作不讲道理，直接提要求和思路，避免交叉重复，做到前后照应。

（二）注意几个问题：一要准确领会领导意图，防止写"偏"。多请示领导，并敢于坚持正确观点。二要吃透两头、做好结合，防止写"虚"。吃透上级精神和本单位实际，在结合上下工夫。三要把握三个"点"，防止写"平"，即总结工作要有特点，分析形势要有观点，布置工作要有重点。四要量体裁衣、换位思考，防止"千人一面"。把自己当作看材料的人，站在他的角度，照顾他的风格，给他留有足够的修改时间。五要认真修改，做到精益求精。好文章都是改出来的，修改分为读改式、求助式、冷处理式、集体碰撞式。对领导的修改意见要善于琢磨和总结，这样才能提高得快。六要收集范文、"照猫画虎"，不断提高。一旦遇到起草同类的材料，可以先看一看别人是怎么写的，用人家的骨架装上自己的内容，这是一条捷径。对别人好的文章，要经常琢磨，分析人家为什么这么写。但好文章绝对不是抄出来的，只有经过自己长期的积累和磨炼，才能成为妙笔生花的高手。

体制内外成就精彩职场
——人大校友、同一班走出的二位上市 公司董事长与您相约"就业沙龙"

 嘉宾简介：

彭鸿斌　远景教育投资集团董事长
宣瑞国　中国自动化集团有限公司主席及执行董事

 主持人：

周文霞教授　劳动人事学院副院长

节目实录

主持人：各位同学大家好，欢迎大家来到这一期的就业沙龙，我是劳动人事学院周文霞教授。在座的二位嘉宾是你们的师兄，还有一位韩本毅师兄今天因故未到场。他们毕业于1986年，传奇的是他们是一个班中走出的三位上市公司董事长。他们中有的始终在体制内工作，有的从体制内辞职创业，有的自毕业起就在体制外创业。职业道路虽然迥异，但却都在自己的领域中收获了一份精彩。

韩本毅大师兄是当年的班长，今天因为私人原因不能到场，十分遗憾，就由我来做一个简单的介绍：韩本毅先生毕业后辗转于北京、安徽、陕西、河北四省市，工作于乡镇、县政府、省委、中共中央四级机关，历经党、政、事业、企业四类不同性质岗位的历练。本科毕业后的第 11 年就担任了上市公司董事长，先后掌舵广电网络（SH600831）和中国医药（SH600056）两家上市公司。三次参加公开招聘均所向披靡，尤其是 2003 年，在国务院国资委组织的第一次面向海内外公开招聘中央企业高级管理人员时，他在 128 名应聘者里拔得头筹，出任中国通用技术集团公司副总经理。现在"世界 500 强"企业中国航空油料集团公司担任副总经理、党委常委。今天他不能到场，但相信下次他会为大家带来更多的精彩。下面我就把时间留给在座的两位嘉宾进行一个简单的自我介绍。

彭鸿斌：我们三个都是 1986 年毕业的本科生，刚毕业我自己希望能留在北京。我记得当时有一个情报翻译分析的工作机会，但我落选了。紧接着我回到四川成都找工作，十分不顺利，没有单位需要国际政治专业的学生。我回到北京参加外交部的考试，与外交学院和外语学院的同学一起竞争工作，当时有 70 个人去考试，我过了口试，笔试是翻译《时代周刊》的一篇文章："是不是太平洋的时代到来了？"文章里有很多专业词汇，由于国政专业涉猎广泛，我平时阅读量很大，所以我翻译得很好，考试得了第一名。于是 1990 年 9 月我就去了外交部外交协会上班，当时工资低，到 1993 年时才拿到 100 块钱。1992 年时邓小平南巡，全国刮起了一股下海风。我那个时候在外交部的情况很不好，而且我们学校在外交部里竞争不过外交学院的学生。我感觉发展前景不好，生活上也比较拮据，加之我和太太两地分居，等单位分房子可能也要等十几年。为了改变生活状况，我决定辞职出去赚钱。1992 年年底我向外交部提交了辞职申请，当时外交部因为没有这种先例，就让我写了自动辞去公职的报告。但是辞去公职就意味着我不再是国家的人，而是一个待业青年了。我还是义无反顾地辞了，辞职时下一份工作还没有着落，我只想着去争取想要的人生。从 1992 年底开始，我在中关村卖过电脑，开过服装店，开过餐厅。1995 年我决定做强化地板，就去欧洲谈业务，由于我的英文水平高，很快取得了厂方的信任，拿到了中国地区的代理权。回国后我自己注册了商标：圣象地板，中国商标，德国原装。由于当时强化地板在国内比较少见，对手较弱又赶上了 90 年代经济爆发、产业发展较快的时代潮流，加上不断进行自我创新，比如第一个品牌经营、连锁店、不同城市的经营模式不同等等，到 1999 年公司在新加坡上市，价值以亿元计。2003 年我卖掉了公司，选择做教育，我办了两所大学，两个学校总人数大约为35 000人。以上就是我的介绍。

主持人：感谢彭总的介绍，用一句话总结彭总的经历：从外交官到亿万富翁。而下一位嘉宾也可以用一句话来总结：从酒店服务员成长为中国自动化行业的领军人物。下面我们将话筒交给下一位嘉宾。

宣瑞国：我的经历比较独特，我们那一代生活在政治一元化向政治经济多元化变动的启蒙时代，加之中国人民大学好的教育，自由自在的气氛与学术环境对我们的思想产生了很大的影响。我毕业时和同学们一样，想留在事业单位或机关，当时参加中国国际广播电台的播音考试，但落选了，后来我去了北京市旅游局，一开始被安排到公司的一个五星级酒店，接受了一个星期的培训，起步工资300元。两个星期后安排具体岗位，被分到客房去做客房服务员，从大学生到服务员，心里落差很大。但人大的教育给了我们很好的基础：持续学习的能力。当时一边工作一边坚持阅读英文报纸，一年左右持续不断的英语阅读，使我的英语水平提高很多。半年后调到酒店的总经理办公室和党委办公室搞党务。当时正好有个同学在深圳，于是我1992年辞职去了深圳，在一个纺织品染料公司，做了一年外贸，因为英语水平高，便做到了总裁助理。之后到云南做房地产边贸，当时有24岁左右。由于和太太两地分居，我回到北京进入一家国有企业工作。企业接受了一个项目：美国国家航空航天局的某控制系统在中国做销售，由于在中国没有市场，三年时间只卖了四个系统。当时做自动化的同行都是上海交大、西安交大、理工大学等理工科大学的同学，而我是学国政的，拿到说明书就像天书一样。但学习能力是很重要的，我会把产品手册背下来，凡是问到手册里的都能对答如流。就这样，三年之后我积累了对自动化行业的初步的认识和理解，这时候我的收入已经上10万元。在此期间，我一直在持续地寻找机会，当时互联网刚刚起步，1995年时，我凑钱拿到了美国的海藻减肥药的独家代理，成立了第一个公司，有赚有赔。后来行业不景气，我继续接手了过去的公司的业务，后来渐渐有了声誉，进入了铁路行业信号系统，即今天高铁的雏形。2005年年底出去融资，2006年1月份组建了团队，2007年在香港上市。公司有20亿元的资本，收购了五家集团，成为了石化和铁路自动化行业的骨干企业。

主持人：可以看出两位嘉宾有很多共同点：不仅是学校和专业，他们的性格里都有敢于放弃的精神，敢于进入新领域，并且在新领域获得成功。我觉得今天打破了我对职业管理方面的观念，之前我认为职业发展需要积累才能走得更高更远。但是他们的跨度很大，却能走得很好。到底是什么能让他们走得这么好？让我们回到他们的大学岁月一探究竟。二位认为在大学四年里，人大到底给了你们什么？对你们今天的发展给了哪些帮助？

彭鸿斌：我们那个时候大学的专业比现在更加宽泛。国际政治专业的课程庞杂，它给予我们更多的是架构理解世界的框架而不是具体谋生的工具。我们那时开了宗教、政治、地理这样的课程，相当于美国的文理学院。大多数时间自己看书，参加研讨会、讲座，和同学进行辩论等等。这些让我们学会了一种批判性的思考能力，学会用批判的眼光看待世界而不是简单接受。关于大学教育，我想引用孔子的话来说：

一是智者不惑：人要有智慧，要懂得分析思考问题，有自己的见解。

二是仁者不忧：宇宙很大，人很渺小，不要计较一时一事的得与失，这一点在将来做职业选择的时候很重要。

三是勇者不惧：要培养自己的意志力，要勇敢，在关键时刻要有决断力，不要畏惧，生活中最美好的东西是未知，在关键时刻要能够勇敢地做决定。

宣瑞国：人大在我的生命中扮演了很重要的角色。一是四年的基础教育期间我读了很多书，学会了不崇尚权威，不循规蹈矩，顺势而动。二是我在人大收获了一辈子的爱情。三是人大给了我很扎实的学术功底与可持续的学习能力。在过去的 20 年中我的很重要的特质便是持续的学习能力。我也很同意刚刚彭总的观点，勇者不惧，人生有很多岔路，爬上一座山峰是很艰苦，但是当你到达山顶，将会看到意想不到的风景，不要害怕，要坚持往前走。

彭鸿斌：就像《中国好声音》的帕尔哈提说过的一句话："我每天唱一首歌，梦想就会自然来到。"

主持人：现在的教育变得越来越急功近利了，很多同学报考专业都是为了将来就业，恰恰是这种思维限制了他们的眼界与胸襟。两位嘉宾在学校里的广泛积累，看上去无用的知识，却是无用之大用，开阔了他们的眼界，让他们可以主动选择，能够很快适应环境。就像乔布斯说的，你把在生命中每一步都做好了，当你回头时你会发现这些美好都能串联起来。下面我们就进入交流的环节，同学们有什么问题都可以踊跃提问。

学生提问：二位师兄好，我是国际关系学院国际政治系研二的学生。我是一个残疾大学生，右手受到创伤，只能用左手写字，现在到了就业季，遇到困难：找国家机关或事业单位，体检不能过；找其他企业，也会因此碰壁。我怎样才能在后面的找工作过程中解决这个问题？

彭鸿斌：每个人都有长处与短处，右手只是你的一个短处，首先心态要健康，要学会去正视它。然后还要分析你的专业与其他情况，你可能更适合分析类型的工作，回避短处。坦率相告，去展示你的长处，人们会忘记你的短处。正是因为身体上有缺陷才会让你在人格上去完美自己，要扬长避短，不要忌讳自己的短处。

宣瑞国：人幸福与否与你的心灵是否强大有很大的关系。首先问自己想做什么，不要觉得有什么障碍，要勇敢追求，坦然展示。不要因为这个因素，影响自己的发挥。一定不要觉得这是一个障碍，要勇敢地走下去。

彭鸿斌：掩盖自己的弱点是没有用的，要去正视它，不要回避它，把它当成你的人生的一部分，它会让你更加光彩照人，你的成就更会让人惊喜。

学生提问：我是已经毕业的学生，现在从事记者工作。刚刚二位讲得很励志，但你们的历程很让人恐惧，请您讲讲真实的情况，你们这一生到底在追求什么？你们的动力到底是什么？

彭鸿斌：我们讲的可能比较简略。我辞职有两个方面的原因：一是感觉没前途，人民大学的毕业生在外交部不是主流，外交部的工作更多的是用英语翻译、复述，思考性的工作较少，比较压抑。二是我没背景没关系，能够预见自己的一生将会很平淡。我生在农村，父母对我不干预，出去闯的成本很低，我本来就是底层，就算失败也不会比现在的境况差。我宁愿我的人生像飞蛾扑火一样去燃烧，也不愿意流于普通。我也有很多绝望的时候，比如融资困难，工资发不起，没人借给你钱等，但这都是你的选择，当你选择创业时你要承担很大的风险。成功有很多种，世界上绝大多数人过着很平凡的生活，平凡不意味着不幸福，但是要去接受自己的能力带来的命运。我认为做选择首先是遵循你内心深处真正的渴望，不要管未来。我也曾经负债累累、抵押房产。今天大家看到我们成功，其实背后承受的压力也是超乎常人的。那么你未来是否要去承受这样的压力？你要做好自己的选择，认清你的渴望，认真地去追求它！在任何一个岗位上，每一份工作都是在为自己工作，你多干活，在工作中学到的东西都是你自己的，知识加阅历等于见识。成为一个有见识的人在任何一个岗位上都能成功，不论什么时候都可以从头再来。我们虽然有很多痛苦，但这都是我们自己的选择。你要去喜欢和接受你自己选择的角色。

宣瑞国：我们只是一个例子，但不是可以大规模复制的。我们不是要求大家当老板。我们有一个86级同学的大群，我了解了一下，98％的同学幸福感都很强。1 100名同学，98％自我满足感很强，大家走向成功的道路多种多样，任职于政府、企业等等。所以一定要对自己的未来有自信。另外，人生是野心与现实不断妥协的过程，刚走进社会时，你的成功欲望不够强，可能会限制你的发展。一个人成功指数要很强，做的每一件事情要做到最好，做到极致。很多关键时刻，你用心了，哪怕做的每一件事情都很小，但可以让你走向成功。

彭鸿斌：我举一个具体的例子：我是人民大学毕业生，但我却当了个出租车司机，我怎么才能做一个最好的出租车司机呢？车要干净，待人要热情，对周围的情况了如指掌等等，这样的小事也能做得与众不同。还有希尔顿的故事，说的是一个下大雨的晚上，一对老夫妻来到酒店，酒店房间已满，酒店经理便说："已经这么晚了，还下着大雨，我把我的值班室让给你们睡觉。"这对老夫妻是希尔顿的创始人，他们让这个经理做了总经理。我想说的是，生活中有很多机会去提高，但很多人没有去进步、没有去提高，我们很需要这样能够以实际行动去提高的人。

主持人：这位同学的担忧很有道理，我们听传奇故事难免会省略很多细节，毕竟讲故事的人酸甜苦辣都付笑谈中。对于在座的各位来说，重要的是认清自己最想要的，如果你想要地位、财富，那你就必须付出和你想要的东西等价的努力。虽然说平淡朴素的人生也是幸福的，但在我看来，年轻人在一开始的时候还是应该去追求轰轰烈烈，一定要去努力。但在追求的同时还是要豁达，有一个好心态。

学生提问：师兄好，我是国际政治系大三的学生，我有三个问题：

一是我们专业的英语很好但不能与外国语专业相比，专业培养的国际视野又不太好把握，我们专业的核心竞争力是什么？

二是师兄刚刚说要脚踏实地把每一件事做到最好，但我还是会觉得前途渺茫，内心惶恐，要怎么去调整这种感觉？

三是做好的每一件事情是否都有意义？是否因为不知道哪件事有意义才要做好每件事？

宣瑞国：走出大学的前五年很焦虑这是很正常的，但你要相信依靠你自身的素质往前走，你可以达到你自己的水平。而在专业上，英语未必比外语专业差，专业培养的是你的逻辑思维能力，这种能力很重要，怎么将一件复杂的事情理清尽快找出解决方法，这才是要学的。而我现在也想给大家提供一个新的视角：我之前参加哈佛学生与企业家对话的活动，哈佛学生的自身定位是社会领袖，而他们在做什么？我认识一个哈佛大学三年级的学生，他大三时休学，到湖南岳阳的农村当村官，从生产队副队长，到副乡长、乡长、县人大代表，为那个地方引进了学校、卫生所、校车，然后回到哈佛大学重新学习。还有一个哈佛一年级学生，休学参加重庆的一个环保组织，检测污水处理，上书保护环境，和政府企业抗争。我觉得中国需要这样的理想主义者，我们这代是理想主义者，30 年一个轮回，新的理想主义者是你们这一代。每一种生活方式，在今天的中国都会找到自己的支撑。之前检测排污的环保志愿者现在获得了每年 5 000 万元的支撑，他们建立了全国的污水管理系统，这也是成功。我希望大家跳出我们的生活模式，看看另外一种成功是怎么样的。

彭鸿斌：具体说说你迷茫的原因吧。

学生提问：现在已经大三了，考研、保研、出国、工作的路摆在面前不知道怎么选。

彭鸿斌：真是幸福的烦恼，现在比我们那个时候好多了，成功的可能性更大了，选择更多了。你这是幸福的迷茫，别管那么多，认真往前走。

主持人：补充一点我的想法，人大体上可以分为这样几类：一种人是早已确定自己的目标，不困惑，带着使命来的，这样的人大概有 10%。还有一种人，一辈子都不知道自己要做什么，这样的人也很少。大部分人是综合素质不错，但又没有一种特长，就会焦虑和困惑。我想说的是，如果你是这大部分人中的一个，本来就焦虑了，不要再为自己的焦虑而焦虑，把每件事情做好，相信"花儿盛开，蝴蝶自来"。把每件事做好，让命运推着你走一个方向。

学生提问：师兄好，我是国际关系学院政治系的学生，我想从政，但现在找工作找到的都不是很相关的，担心跨出去就回不到自己的目标。

彭鸿斌：我觉得这个不矛盾，从政也是一个职业，要先看看自己的潜力，在行政中要做到一个比较高的位置，你才能做你想要做的理想的事。这个需要相当长的时间。就算是现在你没有考上公务员，从事别的工作很杰出，也完全有可能走到体制内。

宣瑞国：想从政一定要耐得住寂寞，要有较高的学历，参加党内的考试，不要离开体制内太远，做好你的每一件事，你会得到充分的回报的。并不是政治局常委才能实现他的政治梦，学校、事业单位这些都是体制内的。但到民营企业可能会比较远。

学生提问：师兄好，我是农业与农村发展学院研二的学生，父母50岁出头。目前面临择业是在北上广还是回家乡的问题？你们在择业的时候有没有考虑家庭这个因素？

彭鸿斌：在哪里工作是取决于你的内心深处，你是想要在大城市发展，还是想要天伦之乐。如果是我，我会这样考虑：哪里发展的空间更大我就在哪里。北上广深发展更好，资源、信息、财富在未来二十年会更加向大城市集中，大城市机会会更多。回到小城市，再怎么发展都是受限制。首选北上广深这样的大城市，如果愿意你还可以退回到小城市。如果要孝顺可以尽量多回家。大城市虽然不能保证你成功，但可能性会大很多。

宣瑞国：其实不必那么焦虑，现在机会很多，不是一次定终身，不要在年轻的时候就背上沉重的生活包袱，要对自己有信心，去干你想干的事情。

主持人：现在与当年的环境是不一样的，我想问问嘉宾，在你们的人生中是否有职业发展的目标？什么时候有的？你们的动机是什么？

宣瑞国：周老师的问题让我们想了很多。年轻时，我们对基本的自由、民主、科学和未来有一种追求与信仰，对自身有一种盲目的自信，对未来真正要做什么没有一个很具象的目标，大多数梦想着做政治家、国家领导。以我们自身经历来说真的不必想得很远，但对成功的渴望、对生活的渴望和信心是要保持的，我从没想过我会成为一个自动化专家，但是人生的风浪就把我推到了这个岛上，我也很幸福。生活选择我们，会给我们或者是一个贵人、一个机遇，或是一个平台。只不过关键是那个时候你的综合能力、你的胆量、你的成功的热情是否能抓住这个机遇。

彭鸿斌：我和宣总不一样，我还要考虑一个基本生存的问题，我毕业时候成功的愿望是很强烈的，就是一个农民的孩子很朴素的想要改变生活的愿望，我特别渴望要成功。但是刚毕业却不知道怎么去成功，没有目标与规划，也根本不会想到之后人生的种种际遇。我当时在外交部境遇很难，下海也经历了很多失败，但学到了很多东西，学到了做生意的很多方法，不断学习充实自己，当机会来的时候我能够牢牢抓住。你把事情做好自然就有回报。不要想得那么长远，今天的很多职业在未来可能都会消亡，学政治学的将来更有前途。你学的是最基本的东西，学会如何沟通与思考，无论时代怎么变迁，你都能找到自己的位置。人民大学培养的是管理型人才。规划是基于你的热爱。

学生提问：二位师兄好，我是财政金融学院的学生，我的求职方向是央企、国企，对于社会上对央企内只看关系的传言您怎么看？在央企和私企工作有什么区别？

宣瑞国：我从没在体制内工作过，但我的客户大多是国企。我对社会公平的基本信任是有的，央企也有很多的人才与强有力的竞争机制。在外企、民营企业，你只要是有才能去努力就能得到回报。今天作为一个学生去选择的话要认清社会形势。之前的中国，政府掌握的社会资源推动社会发展，而未来的中国则是鼓励社会的多元化发展。制度自信会很快地建立起来，你们这一代人生活在充满机会的年代。

彭鸿斌：央企和国企的确有竞争体制，但要看你是不是那么出类拔萃。国企毕竟是国家投资，它的使命有时会与企业的本质相冲突。我个人主张年轻人还是进入新兴经济体发展为好。

学生提问：我和同学的焦虑是存在的，比如房贷，当你套上了这个压力的时候很难再奋不顾身。焦虑是现实存在的，这是现状，而不能说是有信心就能解决的。

彭鸿斌：我们生活的时代就是有这样那样的问题，我们需要抱怨，但是我们还要继续生活。比如看到人随地扔垃圾，我们可以做到自己绝不往路上扔垃圾。我们可以去改变我们身边的一小群人。我们可能对现实有很多的不满意，一个越成功的人面对的问题与压力会越大，但我们一边骂还得一边干。

宣瑞国：我们要做一个有温度的人、一个温暖别人的人，冷静不一定是无温度，我们要有信心，很多人在抱怨我们的国家，但看看过去三十年中国的发展，我们要有充分的自信。每个社会都有冷漠和阳光的一面，多去看看阳光。人的幸福感与温度、阳光紧密相关。

主持人：我觉得我们的沙龙非常成功，探讨了政治、经济、文化、人生这样宽泛的问题，也一直聚焦于个体的发展。结合嘉宾与我自己的经历，我想说：

第一，在大学中专业不重要，学非所用的大有人在，跨领域不是不可能的。这又回到了大学教育的本质：做一个领导者，大学教育分为通用技能和专业技能，通用技能的种子播撒得越早越好，而通用技能就包括批判的精神、逻辑的精神、社会责任感、对生活优雅的态度等等。

第二，其实绝大多数人都是一样的，没有非常清晰明确的人生规划。但为什么少数人成功了？我觉得这取决于他们不服输的精神，制定了很多的短期目标，一个好串联一个好，造就了成功的人生。

第三，职业发展中的偶然事件对人生影响很大，但偶然事件真的是偶然的吗？看似偶然的东西背后有一个必然性，这个必然性就是你所做的。在这个最应该有野心的年龄一定要有野心，这不是可怕的而是可爱的。你的性格和思维方式决定你的人生。阳光与黑暗都不能被否认，关键是看你关注了哪个方面。你越不相信阳光越看不到阳光。

职场个人形象塑造和礼仪养成

主讲嘉宾：王小灿

美莱国际形象管理机构艺术总监

主持人：李宜真

沙龙实录

主持人：各位同学下午好！欢迎来到第 43 期就业沙龙的活动现场，今天非常荣幸请到美莱国际形象管理机构艺术总监王小灿女士来讲述职场个人形象塑造和礼仪养成。王小灿女士致力于研究个人品牌形象管理，礼仪高级定制服装，拥有系统全面的艺术功底和专业造诣，在清华、北大、人大、市委党校等各大名校担任形象及礼仪课程教学指导。下面，我们将时间交给王老师。

王小灿：今天我们就从国际商务礼仪的角度来谈一下个人形象的塑造。时间很宝贵，我在北京服装学院做老师要上课，还带了两个中心，要做科研课题，北京市政府、清华、北大每年都会有 30 到 40 场讲座。上课占了我三分之一的时间。除此之外，我有三家企业，我是一个创业者。我还要设计服装。所以我们接下来就进入正题。

讲到个人形象，指的是我们每一个人出现的时候展现给别人的东西。我们可以看一下这张图片（看图片），杨×，著名主持人，大家很熟悉，国内基本属于男女老少没有争议的人物。我们看看她的表现，这张图片可能她本人看起来也会笑，这么丑的时候很少见。这是她做妈妈的时候，在社交场合下的状态。每一个人都有自己不同的面，具有不同角色的变化。我相信这张图片是救助失学儿童的时候所表现出的状态，大家会想，如果她穿着晚礼服出现的话那种形象还会有吗？

我们要扮演好每个人的角色。再往下看。希拉里是一个比较火的女性代表人。从展现出来的女性魅力来讲，各方面都不错。但实际上，公众形象里，又有大女人、中女人的概念，希拉里外表看起来很不错，但这个人做事我们不敢苟同。怎么说公众形象的好坏呢？杨×大家觉得心地很善良，公众形象是美好的。希拉里展现的是很优雅的女强人的形象，但做的事情有争议。她做第一夫人时候的表现，跟做竞选人的时候完全不是一种状态。再看，这是在参加国务会议的时候，非常强势的状态。她作为女人本身出现的时候是美好的，当作出一些利益选择的时候，又变得如此冷漠和远离，而且缺少女人的美。

什么是成功者或者魅力领袖的形象？大家以后工作了是不是都想成为一个领袖、一个有号召力的人？说到领袖，大家都讲，是不是国家领导人啊？不是的，这里主要讲的是精神号召力，在一个小的圈子里，哪怕10个人的团队，可能有的人说一句大家就跟着走，有的人说半天也没有人跟着走。什么是成功者和魅力领袖形象呢？伦敦商学院的著名行为心理学家尼克森教授说过，人们用三个概念描述成功的领导者，一个是性格，一个是能力，一个是形象。性格是天生的，是与生俱来的，能力是后天修炼的，形象是我们展示出来的。领袖有着杰出的优势，他们有气势、有魅力、有迷人的音质，有自信的手势，充分利用身体语言进行沟通和交流，还要聪明，具有口才流畅、志向远大、正直、勤奋、言行一致、果断的优势。大家要多去学习，看看我们现在在哪些方面还有缺失赶快补充，在未来通过不断地学习，完善我们自己。

设定的标准是这样的，标准有了怎么做呢？第一步，开始要像一个成功者，外形上接近成功是走向成功的关键一步。我们看这张图片，这位女士让人感到的是母爱、妻子。等修饰完之后你觉得她是什么呢？会不会对她的社会身份做一个定位？通过形象的变化，我们发现人的社会阶层发生了变化，人生是一场游戏，这个游戏是不断超越、改变自己社会阶层的游戏，最后获得别人的尊重。每人在人生中都会扮演不同的角色。男生有的以事业为重，女生有的想当一个职场精英，有的想当家庭主妇，每人都有很多选择，没有什么对错。但是每个角色都有各自的状态。

再往下看，修饰和不修饰的变化是非常大的，明星是被修饰出来的，不一定是长出来的。每一个人都有最美的一面，你要善于发现它，把它展示出来。这张图片说的是什么？每个人一生中，有不断的超越过程，在每个阶段都有自己扮演的角色和自己的定位，定好自己的位才能到达你想要的顶峰。我们看到这位女士看不到她身上已经没有钱吃饭了（看图片）；看到这张图片的时候怎么也想不出来她生活得很幸福，只能是心痛和隐隐的不安。

为什么要注重形象呢？大家都爱美，每个人都在意自己的形象，那么注重形象的真正目的是什么？只是仅仅为了追求外在美吗？这是第一层次，更多的是辅助事业的发展，展示给人们你的力量、成功的潜力，帮助你树立职业权威、可信度和影响力。就是说你打扮漂亮了干什么？目的是什么？仅仅是为了自己高兴、取悦老公吗？不是的，更重要的是为我们自己的发展做一个铺垫。面试的时候，人与人之间的第一印象决定了以后能不能交流下去。第一印象只有6秒钟，这6秒钟里面他看三个要素：第一，视觉要素，从头到尾扫一遍；第二，听声音，看声音是不是悦耳；第三，听你在说什么。眼睛看到的形象占第一印象的很大一部分，内在都会在脸上表现出来。在面试的时候，要把自己打扮成大家都喜欢的样子。以貌取人，并不是虚伪，以貌取人都是人的天性，是与生俱来的。风度翩翩的人会赢得更多的眼光。爱美之心人皆有之，这是天性。所以在职场中将自己变美是一件必需的事情。从现在开始将自己打扮漂亮，并不是一件虚荣的事情，而是一件必须要做的事情。

我之前给优秀的企业家做包装，中国的企业家，很多出现了问题，就是事业做得很好，但形象很糟。这位先生（看图片）大家可能知道是谁，作为某品牌的领导，对品牌有很大影响，有人说看到这张照片、看到他长这个样子就不会喝他家的水了，因为他的形象看起来脏兮兮的。所以你的形象代表你的企业的产品。我们看到了两种状态，一种是正态的，看到精神焕发，一看这个企业人很有活力；再看看这种颓态。说到这里，说到公众形象，我放了这张照片，我们国家领导人非常棒，为什么？我们看到，图片上，普京一向是铁腕的政治家，跟我们胡主席放在一起的时候，他是窘态百出，大家可以看到，他的衣服不是这样花的，而是他的形象顾问给他打扮的时候出现了问题。这上面胡主席用的是白色、藏蓝色很强烈的对比，红色是加了一点灰，有一种活跃的东西但不至于太跳跃。看一下普京，和我们的胡主席在一起的时候，看得出我们胡主席更加沉稳，更加压得住阵脚。我们中国是一个大国，是要站在世界面前，让所有人审视的，而且我们也经得起全球的审视的。

大家在面试时候，男生要穿正装。为什么大家出席会议都会穿西装？西装是一种礼服，是级别最低的礼服，被称为便装礼服。所以你面试时穿西装或者套装是对对方的尊重，表示你是懂规则的人。面试的时候，咖啡色的西装和黑色的西装在白天的商务场合是不能出现的，黑色西装只能出现在葬礼、婚礼、夜晚。在中国藏蓝色一般比较好，比较理性。对男生来说，领口开得越大，表示越有胸怀、越自信，所以刚开始入职时领口要开小一点。如果你想表现力量感，可以让衬衫和外衣的色彩相差很大，但如果想表现得柔和一点，衬衫和外衣的颜色要相近。穿西装的时候，站起来需要系扣子，只系中间一颗扣子。领带的长度，长不能长过皮带的下边缘，短不能短于皮带的上边缘。皮带一般都是系到肚脐眼。袜子的颜色和鞋子或者裤子的颜色要保持一致。黑色或咖啡色的鞋子系鞋带比较正式。鞋子的颜色和皮带的颜色、手表的颜色、皮包的颜色要保持一致。把自己的头发洗干净，面试的时候去卫生间检查一下自己的形象，看牙齿上有没有菜叶。

说完了男生，说一下女生。女生在上班的时候，不建议任何披肩发，因为披肩发的女人气质特别明显。将头发盘起来、扎起来，收拾得干净利落。找工作的时候，先做好发型，再去配衣服。女生的衣服以套装为首选，其次是套裙。颜色可以多选，里面的吊带和丝巾可以展示自己的小个性。说到打扮，哪儿大、哪儿粗都用深色遮盖，深色有伸缩后退的作用，浅色有扩张前进的作用。丝袜的颜色可以是藏蓝、深咖、深灰。裙子的问题，裙子最长的位置到小腿最粗的地方，及膝是最好的比例。膝盖上三公分是最短的裙子。关于首饰，男女都可以戴手表。戒指可以戴一个结婚或者订婚戒指，其他的戒指不要戴。女生脖子上可以戴一条珍珠项链或别的项链。耳钉是可以戴的，耳坠不可以。薄、露、透的衣服在工作中是不可以的，因为职场上靠的是能力，而不是别的东西。

大家都要确定一个风格，确定一个因地制宜的穿着风格。可以看一下，你们所属的行业，不同行业当中，你的穿着风格是有限的。我们要放弃很多个性化的东西，寻找社会共性的东西，融入社会才能帮助你工作。我们看一下（看图片），这是美国前国务卿赖斯，在政治场合总是套装，非常严谨。在休闲的场合，还是要保持优雅的，娱乐场合你要保持自然状态或者浪漫状态，浪漫最好是只在家里，职业场合下最好不要浪漫。

还有一个社交场合，在一些剧院、正规场合我们还是需要保持优雅，而不是浪漫或者性感、夸张。时尚与生活是不一样的。根据你所处的行业特征是什么来确定自己的风格。我们看默克尔，再看赖斯，包括希拉里，也有非常性感的一面。因为在西方的观念中，晚礼服中是在袒胸、露背、裸肩中选一样。中国人可能会受不了，可以穿中国礼服旗袍，比较符合中国人保守的思想，民族的就是世界的，我们的旗袍和西方的礼服是对等的。一个女人懂得在不同场合、状态下展现自己，可以很强势，也可以很温柔，但要放对状况。适合自己的就是最好的，未来的时尚不是设计师创造的，而完全是个人的风格。

职场必修课之"有效沟通"

主讲嘉宾：蔺晓梅

中国人民大学人力资源管理硕士

专业培训师、美国培训认证协会注册培训师

国际教练联合会、埃里克森国际教练学院注册教练

曾就职于台湾富士康、联想、松下电器等 500 强企业

历任培训总监、中国区高级讲师、企业大学高级培训师等职位

讲座实录

主持人：各位同学，欢迎来到第 56 期就业沙龙。今天我们有幸邀请到了蔺晓梅女士，与我们分享在职场中如何做到"有效沟通"。

蔺晓梅：非常开心回到母校与大家交流。我曾就职于多家 500 强企业，现为专业培训师。进入职场后，我们会发现 80％的时间都用在与人沟通上，但是大多数沟通是无效的。今天我想分享一下如何沟通。身为一个讲师，我愿意用我的课余时间与大家分享沟通方法与技巧，希望能在你的心中种下沟通的小种子，在

未来能帮助到你。

为什么要沟通？我们来看一段视频（看视频）。我们会发现，沟通就是我们生活的点点滴滴。那么大家在沟通中有哪些常见问题呢？不知道如何 say no，不知道如何和上级沟通，害怕说错话，等等。

针对这些问题，我们可以从四个方面解决，我把它们归纳为"心""想""事""成"。

"心"就是内心，先计划你的沟通，明确你的目标。你期望这次沟通达成的目的是什么？这是你在沟通之前需要明确与思考的。沟通的终极目标是什么？让对方采取行动，这才是最有效果的沟通。站在对方角度思考，知道对方的需求，采取何种行动才能打消他的顾虑。举个例子，女孩子如何劝说父母同意你暑期出游？你需要明确父母的两个顾虑：安全和花费。接下来你按照这个思路进行劝说即可。首先，你要向父母保证，这次出游的伙伴都是同班同学并且相互间了解、相处良好；其次，你可以向他们说明你外出游玩的费用是来自奖学金或者实习补贴，等等。如此一来，我相信你的父母自然会放心。所以当我们尝试沟通时，请你明确自己想请他采取什么行动，怎么打消他的顾虑。换位思考是沟通目标设定的重要一步。请大家选择一个沟通主题，思考如何劝说对方。

"想"就是想法，最重要的两点是"聆听"和"询问"。请大家聆听一段故事，我们来测试一下你们的聆听能力。"天黑了，老板关上了灯，一位男子走进店里。男子要求打开收银台，收银台被打翻在地。一位警察接到了报案。"请问是不是男子抢劫了店家？老板是不是男的？男子是在关灯后进入的吗？故事本身并不是重点，答案反映出的是你的聆听能力。

我们来反思一下聆听能力。第一个层次的聆听是听清楚，第二个层次是细节全部听懂，第三个层次是听出对方的弦外之音。听出对方的言外之意，你才能对症下药，我们听的绝对不是话语本身，你要了解的是话语背后的情绪。

我再提几个问题，请大家思考：你是否听得下去不接受的谈话？是否不专心聆听？是否会忍不住替对方说完？听话时在思考别的事情吗？是否为避免尴尬装作听懂对方的话？或许大家都会有某些错误行为，这些行为模式会在你步入职场后继续影响你。我的建议是避免无效沟通，学会勇敢发问。

你是否因为偏见拒绝与对方沟通？你是否忽略对方的表情和动作？是否能听

出领导的核心观点？是否假装用肯定性语言伪装自己的不专心？请大家给自己的不利习惯打打分，进行一下改正。我们在聆听时，目的性无须过强，要采集信息并对之进行回应，对方或许只是需要你的理解。我的建议是表现出对对方的观点有兴趣（语言和表情动作：点头；微笑；目光注视）、澄清模糊的词句（共鸣感会促使对方告知你更多真实想法）、复述听到的内容（关键词和句子，你的复述也是一种澄清的方式：你的想法是这样吗?）。

沟通本身不难，小细节比较关键。请各位同学两两组队，一位扮演"菠萝"，一位扮演"草莓"，"菠萝"是聆听者，"草莓"对"菠萝"倾诉你的近事，请"菠萝"按照我刚才说的几点做一个练习。

（学生练习后）我捕捉了几张照片，"菠萝"同学的肢体语言都表现出了对"草莓"聊天内容的极大兴趣，看来大家都学习得很认真。

说完"听"，我们谈谈"问"。其实在沟通中，你擅长提问才是高手，开放式的问题优于封闭性问题，我鼓励大家勇敢自由问答，只有这样才能快速得到大量信息。而封闭式问题是快速了解想法，用来确认理解的。

"事"就是议事，有效表达。请反思你的表达习惯中是否包含以下这些：你是否保持了适当的目光交流和动作反馈；你是否使用了令人困惑的行业术语；你是否保持了恰如其分的微笑；你是否能根据听众的反应调整你的谈话内容与节奏；你的语言是否简洁准确；你能否调整语言的语音、语调吸引观众；你是否有配合手势进行表达。

我建议大家在沟通中采取以下行动：首先指明对方接受你建议之后的好处（通过倾听得知对方的感性、理性需求）；然后进行阶段性的刻意练习，不仅仅是我们需要进行刻意的训练，像企业的高管同样也在默默地进行沟通练习，我鼓励大家放松心情进行练习，比如这周练习勇敢倾听，下周练习语言，等等；此外，还要学会表达不同意见（"say no"），如果你无法接受对方的要求，那么请你及时表达不同意见，说清楚你拒绝背后的原因，接下来你要表示出自己能理解对方感受，以及表明能做什么进行弥补。

"成"就是成果，安排行动。既然到了最后一步，等待我们的就是成功。前面三点都是我们内在的思考过程。我相信各位通过刻意、不断地练习，慢慢地最终会成为沟通高手。

职场女性修行记

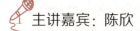

主讲嘉宾：陈欣

> 专注于培训咨询 15 年；知言管理咨询大中国区合伙人；Communispond、Huthwaite、DDI 等全球品牌资深讲师；历任 AchieveGlobal 大中国区培训总监。服务过上百家世界 500 强企业，帮助客户提升销售绩效、演讲沟通能力与领导力。曾经在中国惠普做销售、服务和管理工作。致力于公益，职慧公益项目创始人、课程设计师；怡悦天音基金及希望小学捐资人；伍涛基金会、中国红十字会、JA 志愿讲师。北京大学国际关系学院学士、硕士

讲座实录

陈 欣：各位同学晚上好。咱们之前一些简历、面试的课程，都是来自于 500 强的课程，但今天的课在 500 强的公司里面是没有的，因为在企业里从来不需要讲授女性职场问题，决定进职场的已经进了，决定不进职场的已经回家当全职太太了，企业里的女性不纠结，纠结的是我们，是我们这些临近毕业的大学生。所以这是纯原创的课程，没有任何西方的理论，但是非常希望能够帮助到

大家。

我先简单地跟同学们认识一下，在你们出生的年份，我正在校园读书，你们可以叫我蚂蚁老师。1991—1995 年我在北大读文科，大家都知道，文科女生是比较难就业的。至于为什么我的大学读了五年，是因为我们军训了一年，我很感谢这军训的一年，因为它让我们这些女生身上多了一些阳刚的东西。后来我进入了一家高科技公司，又读了在职研究生。在过去的 15 年中，我一直在做培训咨询，我给企业员工做了大量的培训，但是发现中国教育给学生的东西和企业需要的东西之间有一个巨大的鸿沟，看见这样一个巨大的鸿沟，我想做点事情来弥补，所以我就把我的先生拉下水，5 年前我们一起开始做"职慧"的项目。职慧公益有一个最大的特点，就是我们的老师都是来自企业的职场人士，我们对志愿者有几个门槛：第一个是你要有 10 年以上的管理经验；第二个是你要真正做到了中高层；第三个是志愿老师需要经过一系列的授证。当然，这些都是表面的东西，最核心的是志愿者奉行的"给予，是一种生活方式"（Live to give）的价值观。

你们有谁听过土豆老师的课吗？我和土豆老师是半路夫妻。我们有四个孩子，现在都到了青春期的年龄。那么说到这，大家应该知道为什么由我来讲女性职场。从北大读完书，走入社会后，我一天都没有离开过职场，包括挺着大肚子的时候。此外，大家刚才听我的自我介绍，看我有几重身份？我是母亲，而且不是一个孩子的母亲，而是四个；除此之外，我是一个妻子，我还是一个公益项目的创始人，同时我也是一个大的咨询公司大中国区的负责人。很多时候，我觉得自己是马戏团的一员，在不断地扔球，轮流扮演我身上的多重角色，把我的这些角色都尽量演好，同时保证自己不被压垮，保持乐观。

先来说个故事。有一个女生在考证，旁边一个男生在逗趣，问她：你长这么漂亮不如找个好男人嫁了。大家觉得如果你是这个女生，你会怎么回答？在故事中，那个女生说：那个行业竞争更激烈。我们经常说，女生要上得厅堂下得厨房，所以这个故事给我们什么启示？就是女生经常问自己的一句话：到底我这一生是应该干得好还是嫁得好？如果在座的你选择的是嫁得好，其实今天这个讲座对你没有太大的意义。

如果你选择干得好，我们先来思考一下进职场的好处是什么：自由、独立、有话语权、不用依赖男人、被尊重等。然后，我们再想想女性职场的挑战在哪：职场天花板，性别歧视，与家庭的冲突，等等。大家发现没有，越优秀的女生，挑战越大。

问题来了，这些中国女性所提及的弊端，是不是只有中国的职场女性才面对呢？

我在北大读书的时候，班级里有 10 位左右的留学生，我们课余时间也会和他们交流。我和一位日本的女生交流时，我问她为什么在年纪轻轻的时候选择漂洋过海来北大读书。她说是为了嫁一个更好的人。那么是只有在亚洲国家存在这种情况吗？也不是，我们看一段美国电影《蒙娜丽莎的微笑》中的片段，我们会发现美国女性也会面临同样的挑战。

大家发现没有，当我们说起成功的职场女性的时候，我们描述她们的词语是干练、冷静、独立、强势，而当我们描述一个普通女性甚至是我们自己的时候，我们倾向于使用的词语是温柔、耐心、细心，这之间的差距是不是很大？那么我们该如何修炼才能弥补这些差距呢？今天，我想跟大家从四个方面分享，这四个方面是"优""雅""大""方"。

"优"就是指优秀，女性在职场中应该扬长避短，发挥自己的优势。女性有哪些优势呢？刚才大家说了，女性细心、耐心、有韧性，除此之外，女性对工作的忠诚度很高，大家可以发现有些男性经常跳槽，跳槽的原因也很随意，但是女性不是这样的，女性对于职业选择很审慎。此外，女性一般比较务实、不好面子，不会为了面子作出冲动的选择，面对风险不会盲目乐观，比较重视对方的感受，因此也容易被对方客户接受。我以前做销售工作时发现，大部分女性销售人员能体会到对方的感受，不会强行推销，而很多男性销售人员容易自顾自地推销，给客户造成不舒服的感觉。

普通女性表现为"被喜欢"，职业女性则体现为"被尊重"。职业女性倾向于主动向老板请示加工资，而普通女性则不会主动要求。现在大学里是"阴盛阳衰"，女生占据了大学里的各种资源，如各种奖学金、社团的领导地位以及求职的面试成功者。但是真正进入职场后，升职的主力是男性，这是个不争的事实。这是为什么呢？原因就在于女性在 28 岁的时候失去了在学校的冲劲，开始变得被动。还有一点就是自信的问题。女性在职场中缺乏自信，什么时候女性能和男性一样自信呢？我们读书的时候，女孩子们每天都在抱怨自己的不足，每一秒钟都能发现自己的缺点，这是我们本能的表现。举个最简单的日常例子，一个女生夸另外一个女生："你的头发好黑啊！"一般另外一个女生会回答："哪有啊，你的腿才细呢！"我们能做到坦然承认"我很美丽"，这就是自信。我们什么时候才能学会接纳自己呢？只有我们学会接纳自己，我们才会自信，而大多数时候的我们缺乏内在的自我肯定。

"雅"就是指雅致，要做到内外兼修，修炼你自己。如何拥有内在的优雅？从四个方面入手——在心灵、智力、情感和身体上塑造自己。

"大"就是指大气，抓大放小，在这一点上，我们女性要特别向男性学习。刚才大家的互动中也显示出，相当一部分人愿意自己的领导是男性，为什么会这样？因为一般来说男性领导人确实更大气，更能包容错误，更不会纠结在一些小问题上。这就是我们要向男性学习的地方。问大家一个简单的问题：当你在做一个课堂作业的PPT时，你花在整体内容逻辑上的时间跟花在PPT排版上的时间是一样的吗？我相信应该是后者花的时间更多吧，我女儿现在才上初中，就知道找各种好看的模板做PPT，要把自己的PPT格式做得特别好看。但是一个好的PPT真正重要的是什么？是内容。所以我想在这里提醒大家，一定不要忽略了最主要的大的方面，而纠结在一些次要问题上，这是我们女性很容易走入的一个误区。女性在职场上有一些需要特别注意的地方，包括控制自己的情绪，建议而不是抱怨，避免办公室恋情。涉及有酒的场合要特别小心，尽量滴酒不沾，避免和一个异性上司单独相处。怎么才能变"大气"？多关注目标责任，更多理性表达，运用男女协作共赢，以及善用女性优势。

最后是"方"，"方"就是指方圆，刚柔并济。身为女性，如何平衡工作与生活？大家想想，当你一进入职场，你头上的帽子会有怎样的变化？你会变为一个下属，可能还会变成一个供应商、一个客户，甚至是一个同事的红颜知己。然后再过两年，你还会变成一个母亲、一个媳妇。你身上的身份是多重的，所以你要学会选择自己的生活重心。有的人就是以工作为重心，工作狂人，可以天天加班到11点；有的人就是自我为中心，保证自己享受到最愉悦的生活；还有的人以配偶为中心，以家庭为中心，以金钱为中心，以名利为中心。这些选择都是可以的，关键是你要找到自己想要的生活，然后确定你想要的生活中最重要的原则，以这些原则为你的生活重心。比如鲁豫，她做到了平均每天采访一个采访对象，只要她再坚持五年，她就能打破吉尼斯纪录，成为采访人数最多的记者。大家都知道作为一个记者，并不是每天都有采访要做，这说明鲁豫有时候一天会采访多个采访对象，她还那么瘦小，但是她做到了。她的原则就是不管多难，一定要把这件事做出来。

在讲座的最后，我给大家分享一个短片，同样的事情由男性和女性做出来，得到的外界评价是截然不同的，大家会赞美男性，却会贬低女性。但是我希望大家像片尾说的那样，不要在乎那些评价，坚定让你更闪耀，别让别人对你的看法遮挡你的光芒。

"进得去"和"玩得转"
——职场精英养成记

主讲嘉宾：王鲁

联想集团消费及中小企业服务事业部总经理
中国人民大学"LEAD 计划"导师
伦敦政治经济学院 MBA

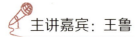
讲座实录

王　鲁：我简单介绍一下我自己，我叫王鲁，祖籍山东。家里面比较传统，爷爷给我起名叫鲁寓意纪念山东。我现在就职于联想。大学本科毕业后在联想工作三年，后来出国，当时本来想去美国，但是赶上"9·11"不好办签证，所以改去伦敦，在伦敦待了两年，后在芝加哥工作不到一年回到北京，期间在上海也工作了不到一年，在 2011 年重新加入联想。作为人大"LEAD 计划"的导师，我也很乐意与同学们分享我的这一段经历。

今天晚上我希望我们更多的是答疑，而不是答案。因为我过我的人生，有我的人生思考；你过你的人生，也有你自己的思考。我希望大家能够带着一种"批判性思考"来听我演讲的内容，因为我们每个人都有自己狭隘的理念，无论演讲者是李政道还是什么人。

大家都要有这种 critical thinking。

问：用人单位对应届毕业生的能力、素质有何要求？

答：我们怎么评价一个人？我觉得主要有三个维度：态度（综合素质），能力，知识（经验）。

从态度的角度来说，联想讲的"三颗心"我觉得我还是比较认可的，即基础员工要有责任心，中层员工要有上进心，上层员工要有事业心。对于我来说，我觉得责任心很重要。责任心即说话算话，这件事其实很简单，但是持续地做、持续的靠谱非常不容易。

从能力的维度来讲，我比较注重框架结构思维的能力。在企业里最重要的是形成一个框架结构思维，或者叫作逻辑思考的能力，因为其他的都可以积累。这是一种训练，但我们在学校里面却很少能够受到这种训练。打个比方，今天听完我们的讲座，小曹同学回到宿舍，小王同学问："今天的讲座怎么样啊？"小曹同学回答："很好，还不错啊。"这种就叫作无框架结构。再比如我今天谈用人单位对应届毕业生的能力素质的要求，我说要从三个维度看，一是态度，二是能力，三是知识，这就叫作有框架结构。你要学会思考，去形成这种能力。我们面临的是一个未知的世界，我们唯一能做的是用一种逻辑思维去探索这个世界，"大胆假设，小心求证"，这种逻辑思维与文理无关，人与人之间最主要的差别就在于此。

知识经验方面，对我来说基本不看重，你比别人多吃了几十年的饭，但你的饭吃对了吗？然而不可否认，知识和经验会转化为能力，社会实践会帮助大家理解这个世界。在经历和社会实践中要形成自己的思考，带着思考去实践，不断地问自己有什么收获和提高。

问：责任心在短时间的面试中怎么看出来？

答：我一般会问一些事情，比如你之前在学校里面做过一些什么事情。同学可能会回答，我之前参加过人民大学的一个项目。那我会接着问他这个活动具体是干什么的，你在其中扮演什么角色，一些成功的点是什么？（Down to the details. 看细节）通过询问一些具体的细节看这个人有没有责任心，在过程当中判断。

再比如看一个人有没有框架思维，要看他的回答有没有逻辑性，是否能够从不同维度不同方面来回答。当你回答面试官的提问时，能够说"我试着从两个维度来回答一下这个问题"或"我试着从四个方面来总结"，这就会给面试官一个很好的第一印象，认为你是一个有逻辑思维的人。

问：面试应聘者的过程中，判断的正确率有多高？

答：统计学的数据是 50％以下。但我自认为是 70％～80％。

问：从校园步入职场，如何适应从学生到职员的转换？

答：我刚开始上班的时候，早晨六七点坐公交车去上班，晚上六七点下班，回到家已经九点了，有时候加班会更晚。我会感到不适应，很困惑，难道我的人生就要这样过吗？这个过程中可能有几点转变。首先是作息时间。在学校里，可能有的时候你一看，这个课我不想去了，我去打篮球。但在企业中你要适应这种严格的时间规则。其次，企业里面不像校园里自由。在学校里面，可能你有各种各样的借口来应对一些事，在面对一些事情的时候，可能这样做可以那样做也可以，但企业更看重的是结果，没有结果一切都是空谈。再次，不同的领导风格不同。有的领导很严厉，说话不客气，你可能会觉得伤害自尊心，对这点要做好准备。

问：在工作中，怎么判断自己是否成长？

答：在年轻的时候，待遇、户口可能不那么重要，你看重的是老板对你重不重视、能不能学到东西。我信奉"721 法则"，即一个个体学习的来源有 70％是源于自己工作中的实际锻炼，20％来自于他人的辅导和反馈，10％来自于课堂式培训学习。要看自己的工作中是否都具备了上述要素。大家可能今天都站在同一个起跑线上，但十年之后，大家的眼界、思考的深度都会有很大的差别，这就是成长。

问：怎么看待第一份工作的意义？

答：我们今天暂且不谈世界观、人生观、价值观。我比较倾向于从一个大的平台开始。为什么？大一点的机构能够教会你什么是对的东西，它有很多规范可以让人在这个环境里面成长。小企业为了生存，它们可能会做各种各样的（不一定正确的）事情。我不是一概而论，只是小企业有更大的概率存在这种问题。比如我和我的儿子，我肯定首先要教他什么是对的东西，然后随着他的成长，他开始了解到各种各样的事情，知道这个世界不止有白的一面还有黑的一面。

问：怎么看待进入职场后的充电问题？工作占用的时间很多，努力工作和充电是矛盾的吗？怎么锻炼自己的时间管理能力？

答：对我来说，充电无时不在。分享一下我学习的方法：我前几年做职业教育产业，有时候会感到很困惑，但是我知道一个很基本的东西——想卖一个好价钱首先得自己有价值。所以我就带着疑问去充电。我的方式是看大师的书，大师的思想是他毕生经验的总结。在科技发达的今天，可学习的东西是无处不在的。所以，你有什么困惑，你可以让大师来隔空指导，找一些人去探讨，再实践，再认知。通过这种方式让自己的综合能力有一个螺旋上升的过程。

问：在职场中如何脱颖而出？

答：想要脱颖而出其实很简单，就是不停地做好每天的工作。每个人在职场中都要打造自己的平台。首先一点，你的立意要高，干活的标准要高。比如发邮件，有的人可能随便写完就发出去了，有的人会觉得，商业信函我没接触过，我要去搜集一些模板，写好后要再去请教别人，认真研究每个细节。任何简单的东西想要做好，你必须得代表此时此刻这件事情的最高水平。通过一封邮件你就能看出这个人是不是一个对自己高标准要求的人。然后你就会发现，只要你用心地做一件事情，你可能会马上就从十个管培生中脱颖而出，你会发现这个世界认真做事情的人其实很少。中国以后会越来越市场化，市场化的一个结果是凭本事吃饭，越来越多的国企、央企也在转变。

问：职场中有的人可能并不是很愿意跟你交流，有些受挫怎么办？

答：我是一个朋友比较多的人。我的建议是：第一点，要大方一点。这个大方不仅仅是指钱，同样也是指同事之间互相帮忙。第二点是"术"层面的东西，《影响力》这本书里面有一个观点叫 giving，也就是给予。俗话说礼多人不怪，这个"礼"一是礼节，一是小礼品。人际交往需要花一些心思，要礼尚往来。第三点也要记住，你不可能取悦每一个人，即使你做得再好也一定有不喜欢你的人。人际关系是一个润滑剂，但不能起决定作用。

问：请您具体谈谈选行业和选企业的判断。

答：行业和企业里面都有一些相同的东西。公司有业务和职能，业务是赚钱的，职能是支持它赚钱的（如 HR、财务等）。一般对企业来说，做业务更累，压力更大，成就感也更大。职能部门的压力没有业务部门那么大，成就感也相对不那么直接。找工作最好在同一个行业里，因为在同一个行业里你有人脉的积累，这是很宝贵的。对于企业的选择，第一要看行业排名，是否在行业里处于领先的位置；第二要看面试的感觉，因为面试的过程是传递企业文化的过程；第三，人也很重要，看你和公司中的人能不能相处得来。

问：面临求职的时候，面试中的自我介绍如何让自己更出彩？招聘者是喜欢简洁明了还是有一些亮点的？

答：我认为自我介绍中，要先说自己的总结，先说结果性的东西。比如有的人会说"我在××公司实习了半年，做过一二三四五六等等工作"，但你的结果是什么呢？而有的人说道"我在××公司实习半年，获得了××奖，有××收获"，这就是一种结果。通过这种结果性的东西让别人有兴趣了解你，聊的时候再聊具体的过程。同时还要注意叙述的时候要有逻辑性。

英语电邮写作——
网络环境下的商务沟通

主讲嘉宾：唐启明

中国人民大学大学英语教学部教师，原教研室副主任
2015年中国人民大学教学标兵

嘉宾语录：

商务英语电邮写作要坚持5C原则：Clarity 明晰，Correctness 准确，Conciseness 简洁，Completeness 完整，Courtesy 礼貌。

讲座实录

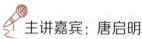

唐启明：大学英语教学存在很多问题，业务能力和培训方面不太接轨，涉及电子邮件中的英语实用规范以及即时通信工具中英语语言的使用规范。在大学英语教学中，老师没有教我们写这种英语邮件。如果同学们进入涉外企业，负责对外联络的话，那么在邮件中哪怕有一点错误，都会是很严重的问题。今天我们主要讲网络沟通中存在着哪些问题，以及同学们在使用英语进行网络沟通时还欠缺

哪些核心能力。

讲座共分为三个部分：第一部分，网络环境中商务沟通存在的问题；第二部分，英文电邮的形与神（通用的格式规范、基本原则）；第三部分，英文电邮的收发问题。

首先来为大家讲解第一部分，就是跨国或涉外公司老板们的抱怨。老板们普遍反映的问题就是毕业生应用写作能力欠缺。比如，工作邮件（申请、备忘或通知、会议记录）形散神更散，语言错误多，缺乏商务礼仪基本常识。而且即使是汉语邮件，这其中使用的很多网络语言也使得存在代际差异的老板看不懂。还有就是网络交际能力的问题，在这方面，毕业生普遍存在着交际能力欠缺、用语使用不规范的问题。

接下来第二部分，英文电子邮件的形与神。首先是形的问题，即英语电邮的格式规范。英语电邮通常包括以下几个部分：（1）Address——收信人 Email 地址、抄送收信人 Email 地址、密送收信人 Email 地址；（2）Subject——主题；（3）Salutation——称呼；（4）Opening——开头；（5）Body——正文；（6）Ending——结尾句；（7）Complimentary Close——礼貌结束语。还有一个重要的部分，就是签名档的问题，签名档一般包括 Full Name——全名、Title and Department——职务及部门、Address——地址、Tel——电话号码、Fax——传真。

关于主题的写法，这里强调三点：（1）用短语或短句形式概括邮件内容，避免收件人在信件索引页看不到完整主题；（2）主题避免模糊；（3）主题书写格式要求，遵循英语标题写法，如记不住规则，所有首字母大写，避免空白主题！

关于称呼，我想强调的是，根据邮件使用场合以及双方关系确定。（1）同事之间可以直呼其名，对上级和其他公司的人最好使用头衔加上姓，如 Jack Smith，可以用 Dear Jack；Hi，Jack；Dear CFO Smith。如果群发，则可以用 Dear all，Dear Colleagues。（2）在不知道收信人姓名的情况下，有以下几种称呼方式：Dear Sir，Dear Madam，如果不能确定对方性别的话，使用 Dear Sir/Madam，To Whom It May Concern，Dear＋对方身份，Dear customers。

开篇：第一次邮件，要表明邮件写作目的和意图；至于回复邮件，视情况而定。比如，如果是回复客户的咨询，要先表示感谢，再进入正文。这里要注意的是回复的邮件，主题 subject 可以保留，Re：…，为容易追溯信息，回复可带所有原文。

作为邮件的主体部分，正文部分我想说明的是，大家一定要注意格式与布局：类似一般说明或议论文，电邮正文按主题分成几段（如议论文形式的陈述问题、解释原因、分析利弊、建议措施等），但每段只有 2～3 句话（Concise 原则）。段落总数一般不要过多，一般左对齐。齐头式是指正文中各部分都从每行的左边开始，这种格式便于打字和节省时间，提高工作效率。称呼和开头之间、段落之间、正文和信尾客套话之间一般空一行。

邮件结尾要视情况而定，将邮件收尾。如，多数邮件需要致谢、期待答复。（发起一个会话主题，可能需要多轮邮件往来）

通常，我们在邮件的结尾加上礼貌结束语，礼貌结束语往往要根据邮件往来的对象，选择正规程度。如果是非常正规的（如致信政府部门，公司间正式业务），就要使用 Respectfully yours, Yours respectfully；如果是较为正规的（如对上司或客户），要使用 Sincerely yours, Sincerely, Yours cordially, 或者 Cordially；如果是非正规的，要使用 Regards, Warm regards, Best wishes, Best, Cheers。

邮件的签名 signature，可包括姓名、职务、公司、电话、传真、地址等信息，一般不超过 4 行。这里要注意一下签名的禁忌：工作邮箱避免鸡汤式、段子式通用签名档。自我励志的签名档可以用，看场合。

讲完"形"之后，我们再讲邮件的"神"。商务英语电邮写作要坚持 5C 原则：Clarity 明晰，Correctness 准确，Conciseness 简洁，Completeness 完整，Courtesy 礼貌。

第一个 C 是 Clarity 明晰。这里要强调两个方面的明晰：一是行文结构尽量用短段落，可用主题句，提高易读性。主体部分可以使用数字或项目列表形式。二语言和信息表达要明晰，这就强调信息精确，避免语义模糊、歧义。

第二个 C 是 Correctness 准确。这里主要强调两方面的准确：一是句式的准确，句式方面的错误主要有三种类型：第一种是一致性的问题，这其中第三人称单数主谓不一致最常见。第二种是连词的问题，遗漏连词、无用副词是最常见的。第三种是时态的问题，过去、现在时态交叉时，有时候会出现混乱。这里给大家一些解决句式错误的小窍门，在电邮空白处键入以下三行字：主谓、时态、连词，随时提醒自己写每个句子时不出错，写完检查每句话。二是用词方面的准确，词汇用法如何避免错误，如何使用词典？我建议大家在汉语翻译成英语时，使用双查的办法，即查到英语单词后查英英词典校验用法。

第三个 C 是 Conciseness 简洁，即在不影响完整性和礼貌性的前提下，尽量使用简单句子和简短词语。总的来说，所采用的句式结构应弃复合句，选简单句，弃从属，选并列，采用不完整句。词汇使用缩略语，与普通纸质商务信函相比，商务电邮接受更多非正式文体，也更为口语化。但仍有语域限制（礼貌原则涉及）。

第四个 C 是 Completeness 完整。商务电邮内容应完整，提供收件人所需要的信息，尤其像具体业务电邮，如报盘、询价、询问贸易条件等需回函的电邮，更需要完整，不能一次次更正、补发。之后要对邮件完整性进行校验，可用公认的 5W1H 关键词：who，when，where，what，why 和 how。这里要补充一点：通信工具中不要滥用逗号，结束一轮会话要有标志（非正式私聊按约定俗成的习惯）。

第五个 C 是 Courtesy，礼貌原则。商务电邮的措词应礼貌，有语域（语言使用的场合）敏感性。否则容易被贴标签，留下负面印象。（1）根据与收信人的关系，选择措辞。如 Let me have your feedback by this weekend，这样的表达实在欠妥。（2）提出要求可用虚拟语气、委婉语气等方法表达观点。如 I wonder if we could schedule a meeting at 8:30 tomorrow morning.（3）减少语气绝对的用词，使用语气缓和的表达，如：seem；appear；may/might；be likely to。例句如下：You seem to have noticed our difficulty in this project.（4）要使用体现礼貌原则的选词和句式表述，如：please；thanks；appreciate it；sorry。

成就职场需要广交友

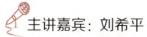

主讲嘉宾：刘希平

万博宣伟中国区董事、总经理

嘉宾语录：

　　一个人是成不了大事的，一定要教别人怎么做，你要学会授权，学会教别人。自己做得非常好，不放心交给别人，可是有那么多的事情，怎么可能自己一个人做完？在工作中，如果你做得非常好而没有接班人，那你只能一直待在那个职位不得提升。另外一点，一定要找一些不同的互补的人，才能成大事。

讲座实录

　　刘希平：和大家讲一些工作中的小经验。很多时候，在公共场合做一些东西，准备了100％，最后的效果只有60％到70％，那么你知道效果要降的话，就应该准备得更为充分。很多东西都是训练出来的，多练习就变好了，包括我的演讲。

俗话说得好，一瓶酒不会响，半瓶酒响叮当。有些人会和你讲他认识多少名人，有多大的关系，实际上，关系越好的人隐藏得越深，真正有实力的人是不会说出来的。

一个人是成不了大事的，一定要教别人怎么做，你要学会授权，学会教别人。自己做得非常好，不放心交给别人，可是有那么多的事情，怎么可能自己一个人做完？在工作中，如果你做得非常好而没有接班人，那你只能一直待在那个职位不得提升。另外一点，一定要找一些不同的互补的人，才能成大事。

学生提问：如果下属做错了事情，您会怎么处理？是比较严厉地批评还是给予鼓励？

刘希平：我会选择以鼓励的方式帮助他们找出错误。因为每个人都希望把事情做好，不能因为不完美的地方而去否认他的价值。

学生提问：在生活中，面对您的朋友或者其他人，您会采用什么方式指出别人不好的地方？

刘希平：中国人都是点到为止，我一般对事不对人，我会明白地和他讲清楚。每个人都是爱面子的，在公众面前讲不太好，但是私下里我会很明确地说出来。

学生提问：当时您在台湾发展挺好的，是怎样有勇气来北京发展的？

刘希平：我一直坚持这样一个想法：我们是华人，要真正有发展的话，一定是在华人社区。刚开始会有一些不适应，就像我来北京前从来不知道什么叫沙尘暴，后来时间久了，也就慢慢适应了。

学生提问：如果您遇到问题感到挫败的时候，您会怎么办？

刘希平：首先我看事情和别人不一样，遇到问题我不会感到挫败。很多人遇到问题会想为什么会发生这个事情？我遇到问题是先想怎么解决这个问题，然后再去追究。有些问题自己花了很多的精力都没办法解决，这个时候你就需要改变心态。

学生提问：您在工作中是怎样给自己定目标的？又是怎样作出评判的？

刘希平：我不会定很具体的目标，不会想三年、五年以后会怎样，我只会把现在的工作做到最好。相对于未来，我更注重现在。关于我的自我评价，我认为，人生中应该考虑的五个东西是：健康、财富、职业、关系、个人成长。

很多时候，你要清楚地知道你想要什么。很多时候你的不满来自于同别人的比较，你想要的不一定就是你真正想要的。如果你能够抵抗和别人比较带来的痛苦的话，你的人生会过得很快乐。

学生提问：您比较喜欢人际交往，到北京的时候会有意地接触当地人。那么对我们来说，在新的环境中，如何做才能更好地适应新的环境，融入当地圈子？您能不能根据自己的经历给我们谈谈？

刘希平：我对自我不是很看重，其实每个人都是这样，都想和别人交流，但是又顾虑如果我先跨出这一步是不是 low 一点。其实你应该想得简单一点，很多时候事情没有你想象得那么复杂。有好感，直接面对面去打招呼，对方给予回应了，你就多了一个朋友，如果对方拒绝了，你也没有什么损失，就是保持现状而已。

学生提问：您有良好的人际交往能力，那您觉得与人交往的能力是天生的还是后天培养的？

刘希平：没有什么是天生的。第一，我把自己放得很低，或许是因为我是双鱼座吧，我喜欢设身处地为别人着想，周围朋友开心我就会觉得很开心。第二，承诺很重要，自己重视承诺才能赢得别人的尊重。

学生提问：您对朋友比较看重，也热爱生活，但您的工作也很忙，关于联系朋友、发展爱好和工作，您有什么好的时间管理策略吗？

刘希平：那就要看事情的重要性和急迫性了，进行区分之后一件一件地完成就好。

最后，再强调一下，要行动而非空想。多看一些书会帮助你去思考，要实习，多做一些社团活动，处理好人脉关系，处理好个人的感情问题，最重要的，要学会让自己开心。

就业在信息时代
——电子支付与信息行业格局

嘉宾简介：

毛甘露，1984—1988 年就读于中国人民大学经济信息管理系（现信息学院的前身），经济信息管理专业。毕业后进入大型国有银行的信息科技部门工作 12 年，后进入银行卡电子支付行业至今。主要分享电子支付行业的就业情况及应届生职业发展机会，本次侧重信息技术方面。

陈健良，1984—1988 年就读于中国人民大学经济信息管理系（现信息学院的前身），经济信息管理专业。毕业后留校工作，1999 年开始创业，一直专注于企业信息化建设和出版行业数字化转型。主要分享行业信息化建设的就业情况及应届生职业发展机会。

林颐，中国人民大学信息学院党委书记。

杜忠朝，中国人民大学信息学院团委书记。

实录节选

主持人：师兄师姐和两位老师能不能和大家分享一些当年校园生活的经历，给同学们一些建议？

毛甘露：我的老师陈老师当年在课堂上的几句话令我印象深刻。他当时讲道：在欧美，信息技术应用得最好的是银行，对于我们而言，最好的发展路径是去银行做一名系统分析师，不仅待遇好而且地位高。或许就是这句话，让我在毕业时选择了当时并不热门的工商银行，也成就了今天的我。在职业的规划方面，我想给大家两点建议：第一，选择行业一定要看发展、看环境，而不要看过去和现在；第二，规划一定要趁早，如果到了大四再做规划可能就已经来不及了。

陈健良：我在咱们学校工作过小十年，对大学生活很有感情。现在的大学校园和当初比，已经有了翻天覆地的变化，设备的先进性、活动的丰富性都远远优于我们那个年代。而且现在是互联网时代，你们的生活也一定比我们那时候丰富许多。所以一定要好好珍惜你们现在所拥有的一切。在大学期间，同学之间的感情是最需要珍惜的，因为一旦错过就再也不会有了。另外，要努力锻炼自己的能力：一方面是与人沟通的能力，这体现出一个人解决问题的能力；另一方面是写作能力，因为在工作以后，你需要写各种各样文字性的东西。近几年我们招收了很多毕业生，他们的写作能力都很一般，所以大家一定要好好锻炼实用写作能力。

毛甘露：我很同意健良的看法。开完会写会议纪要，写好了不但可以使自己提升工作效率，还可以为自己在领导眼中加分。工作中，有许多时候需要用到书面的东西，因为你没时间和领导当面表达你的想法。书面的东西，需要逻辑清晰，条理分明，用很少的文字就把你的观点表达清楚，并让别人接受你的观点，这是很重要的能力。

杜忠朝：作为老师，我对大家的忠告就是在学校的时候千万不要闲着。不论做什么，都要认真做，做什么都是财富，别浑浑噩噩地过。不要闲着，去做！

林 颐：人大具有自己鲜明的特色。目前上市公司的高管里，人大的毕业生最多。从实践的结果来看，人大是有其优越性的。不管今后做什么，学校氛围的熏陶，对我们的影响都是深远持久的。

毛甘露：到这个年龄我有一个体会，上学的时候要有原则和目标。当初对这些话我也听不进去，但现在觉得，目标真的很重要。我们当时在择业时是被动的。社会变迁快，现在的社会更多地需要你自己思考、自己做决定，所以同学们一定要有自主意识，不要随波逐流。大学是给你开阔眼界、提升思维能力的地方。知识并不那么重要，在工作中能应用到你已经学习的知识的地方其实并不多。通过学习知识提升能力、锻炼思维，才是更重要的。

学生提问：师姐您能讲一讲银行是怎样进行风险管理的吗？它的方法是什么？

毛甘露：商业银行、电子支付，凡是处理钱的，风险控制一定是最重要的。欧美银行基本都是开放的。咱们国情不一样，风险控制针对不同业务分为两类：一类针对结算；一类针对信贷。它有几个维度：事前、事中和事后。事前审核涉及资质、业务，有一定的行业规范和准入标准。事中会运用到云计算、大数据，有成熟的系统，用风控探头进行要素分析，这些分析的基础是海量过往数据的积累，一旦发现高风险就拦截。事后需要做的就是分析前期工作中出现的问题，并明确其原因。当然，在整个过程中需要保持一定的平衡，毕竟没有风险就没有利润。

学生提问：陈学长，当初您为什么立志创业呢？能和我们分享一下吗？

陈健良：我认为是命运的安排。当时我从新西兰回来，出版社正好要做系统，这对于我来说是一个机会，所以放下了学校的工作，一心去做系统。不管什么时候创业，你都需要具备一定的条件：第一，要有信心，不怕失败。当时我很自信，觉得自己技术过硬。第二，要有冲动，那时候有大公司答应给我 20 万年薪，但我还是倾向自己干。第三，需要有责任心，对家庭、对孩子。创业成功了是风光，但失败的例子也很多，所以心理上要有充分的准备。第四，外在的条件也很重要，要想明白做什么才能被市场认可，把它抽象成产品的形态。另外，要有一定工作时间的积累，建立一定的资源关系。这一方面的欠缺，可能是创业失败的致命因素。拥有健康的心态比挣钱更重要，对结果的要求可以稍微放低一点，认真去做就好了，但一定要时刻保持积极的心态。

林　颐：创业也是边走边看，跟个性很有关系。创业失败并不意味着一败涂地，不成功也没有太大关系，毕竟你积累了一身本事。如果该你做的事别人做了，你就没有锻炼的机会，而自己创业的话，更多的东西需要自己来做，所以对于能力的锻炼是很大的。

主持人：在职业生涯发展方面，几位嘉宾还有什么建议给大家吗？

毛甘露：在企业工作，意义在于快速了解行业的情况和运作方式，提升自己对于行业的理解。创业的理想过程，是找到良好的契机，不能盲目，不要随波逐流。另外，女生们一定要处理好个人职业发展与家庭、婚姻之间的平衡。

林　颐：目前，中国的工业产值已远超美国，购买能力也超过了美国，预计2019年的GDP能追平甚至超过美国。但是创新研发能力要想达到美国的水平，要等到2059年。国家在大力鼓励大家尤其是大学生创业，希望大家能够珍惜机会。

主持人：最后，师兄师姐和两位老师能不能给大家一些寄语呢？

陈健良：祝同学们跟上时代的潮流，坐地日行八万里，走得更高更远！

毛甘露：希望大家以积极的心态来面对工作、学习、生活，祝愿大家都能拥有美好的未来！

杜忠朝：敢想敢说敢做，好好珍惜在校园的机会，多去实践！

林　颐：现在这个时代，是中国崛起的时代，大家只要努力去做，就一定会有巨大的收获！

一 起 去 听 就 业 沙 龙

第五章　基层就业

央行前辈教你从容面对公考面试

 主讲嘉宾：马德伦

中国人民银行原副行长、中国金融会计学会会长、中国人民大学高级指导顾问、中国人民大学第二期"LEAD 计划"导师

嘉宾语录：

我们应该且行且珍惜，且行且思考，且行且调整。要相信，年轻就会有进步。

节目实录

开场环节，马德伦先生首先感谢中国人民大学学生就业指导中心的邀请，很高兴与大家分享有关公务员考试面试的相关知识和经验。

马德伦：对于在座的很多同学来说，大家都即将准备迎接新的未来。首先祝贺在座的很多参加公务员考试笔试通过的同学。通过笔试环节后，我们成为公务员的希望变大了，但与此同时，也不能掉以轻心。以我们人民银行来说，每年招

收的人员中，应届毕业生可能只有 25 人左右，面试录取比例只有 1：5。但是也很高兴告诉大家，我们每年的考试都有人大的优秀学生应聘，而且人大学生的考试成绩都是非常理想的。

第一关过了，成为公务员的希望变大了。在这里我也很希望给大家加油打气。但正如录取比例所反映的，接下来将会有 80％的人不得不被淘汰。就算成为其中脱颖而出的 20％，由于就业之后收入低，很多人的开心情绪就会被冲淡。与此同时，接踵而来的问题也很多：房子分配很少、医疗不是 100％保障、待遇一般，等等。因此，即使考不上，我们也应该放宽心。其实我们可以有更好的选择。

现在很多同学面临就业的压力，我很理解大家的心情。这时候我们可能会焦虑不安，不清楚未来的人生走向何方，我们可能也没有特别清晰的职业规划。但是，焦虑需要控制，那些彷徨和焦虑，走过去就是了。我们应该且行且珍惜，且行且思考，且行且调整。要相信，年轻就会有进步。我大学毕业时，全班 47 人，就有 47 种分配方案，写在黑板上，都是确定的。本来我要选择留校的，最后基于家庭因素的考虑，去了吉林市人民银行中心支行工作。由于自己是本科生，会写一手好文章，我充分利用了自己的优势，从一名普通的会计培训老师做起，发表了几篇反响强烈的文章，最后调入总部。在这里分享自己的经历，是想告诉大家，踏实做、发挥自身的优势，就有成功的机会。任何时候都不要沮丧，我们要继续努力，奋斗到底。

接下来我们要回归本次讲座的主题，那就是为大家讲解面试知识和技巧。面试的目的是择优，和笔试不同，除了反映应试者的一般知识外，更看重的是应试者的真正能力。这种能力不是记忆，不是后天吸收，而是应试者本身的一种属性。相较于知识积淀而言，其实我们更看重面试中所反映的应试者的这种属性。面试一般不涉及专业知识，而是涉及常识，涉及具体的能力考察。因此，作为应试者，在面试时，我们需要透彻理解问题的含义和性质。做主考官时，我们曾经问到应考者关于国际金融危机的问题。这时候，有些考生总会选择从金融危机的起源开始答起。这会导致时间分配头重脚轻，本质问题答不到点子上。因此，在面试时，我们要逻辑清晰、思路敏捷，回答要一针见血，结论要有正确且明确的表述。

关于考前准备，很多同学很茫然，好像无从抓起。其实，在心理上，我们只需要保证自己心态放松就可以。放松的心态可以让我们的思想更加开放，有利于思维的运转。进入考场的那一刻，我们的考试就已经开始。因此，第一印象非常重要。女生着装要得体美观，淡妆，不能浓妆艳抹。男生的领带系法要规范。要注意，很多考官往往会在意一些细节。平时工作的机关单位毕竟是严肃的地方，因此着装随意的牛仔裤是不推荐的。如果不系领带，衬衫要整洁立领。鞋子上不能有尘土。总而言之，整洁的装束和饱满的精神状态，体现的是应试者对面试机构的一种尊重。

关于考试过程，我有几点建议：心理上，自信但不自大；心态上，轻松但不放松；举止言谈中，彬彬有礼但不故意诌媚。公务员是要服从领导的，自大的人是不能胜任公务员工作的，但自信的心态有助于工作的推进。考试时，表达能力要强。我们的知识能力是用语言表达的，因此语言要清晰流畅有条理，层次分明。语速要适中，因为语速快的人过于敏感，语速慢的人又显得拖沓不自信。要相信，口才比文才重要。要强调的是，我们在工作交流、与人沟通时，不要有口头语。口头语只会反映出说话者的思维断线。这一点我希望大家克服。

考试时，建议大家使用提炼观点的方法，加以阐述。这样逻辑思维会更清晰，考官可以听出层次；表述要明确，不能含糊；观点要通过解释来显示得更丰满，因此答案也不要过于简洁；不能用三分钟的思考时间换来一分钟的回答；不要使用过多的肢体语言，表情要自然；对于考官，我们要注意倾听，一定要听完问题，避免思维走岔路，听题时大脑就要迅速组织；考试时要沉着冷静，充分利用时间。

公务员面试，主要考察学生的综合分析能力、应变能力、语言表达能力、计划组织能力、信息获得能力、人际关系能力、服务意识和技巧、主动性等等。针对这些考察内容，公务员考试也设计出了相应的基本题型：背景性、知识性、意愿性、智能性、情境性、行为性。前三种题型近年来已经不太常用；第四种题型是开放性质的，考察常识和知识储备，因此常考；第五种题型通过假设场景，提问考生将来的某种行为，考察考生的应变能力和综合素质，基本必考；最后一种题型问考生过去的行为及其效果，一般多提问考生曾经成功的事件，这时考生要注意引以为豪但不沾沾自喜，要客观地对自己作出评价。

从高校老师到基层镇长
——一位 80 后师兄的公务员之路

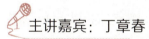

主讲嘉宾：丁章春

　　本硕均毕业于中国人民大学新闻学院，曾获"吴玉章奖学金""北京市优秀毕业生"。本科毕业后留校工作，后在北京市委组织部、门头沟区潭柘寺镇政府、门头沟区委组织部、门头沟区团委工作，现任北京市门头沟区潭柘寺镇镇长。

讲座实录

　　首先我想谈谈公务员工作的一点体会：没那么复杂，只是很平常；没那么轻松，有点责任感；没那么困难，要有点乐观；没那么流油，也不很悲惨；没那么浮躁，有一些踏实。

　　关于笔试中的申论，我认为要做到以下几点。三多：多读、多思、多练；三要：帽子要小，腰身要丰，收尾要精；三自：结构清晰自然，分析自圆其说，标题自成体系。

　　下面我重点谈谈公务员考试中的面试环节，主要包括无领导小组讨论、结构化面试和半结构化面试三种。对于无领导小组讨论，要积极说话，不一定抢着说话，更不要打架、辩论。

要认真记录，不要无所事事；要说自己的话，也要听别人的话，积极归纳总结，条理清楚，陈述得当；要顾全整体，突出个人特点。

面试中最常见的方式是结构化面试和半结构化面试。面试时间包括评委导语、提问、回答时间在内一般为20分钟，问题有3到4个，采取一问一答的形式。评委的评分要素主要有五个方面：

一是客观认知能力。能否正确认识和评价自己的个人特点，对自己与社会、组织、他人之间的关系有客观的认识；是否具备与职位要求相匹配的价值取向和工作动机。

二是分析解决问题能力。能否把握问题的实质，抓住问题的主要方面，思路清晰，逻辑严谨；解决问题的思路是否有针对性、操作性和现实性；面对压力能否沉着、迅速行动，有效应对、稳妥处理。

三是沟通协调能力。能否充分沟通交流，化解问题矛盾，协同推进工作；能否理解和适应工作角色的转换，充分发挥角色职能。

四是业务工作能力。对党和国家的有关方针政策、行业政策和发展态势是否有一定理解和把握，并与具体工作相结合；能否围绕业务工作目标，抓住关键环节，有计划有步骤地推进工作，注重实效；能否积极探寻业务实施和发展的新思路、新方法和新模式。

五是语言表达与仪表气质。语言运用是否准确、简洁、流畅、富有逻辑，是否具有说服力和感染力；是否仪表端正，自信、谦和，有亲和力，是否处事稳健果断、心态成熟。

下面我谈谈面试中的四类问题如何应对？

第一，自我介绍类。要包含基本信息、教育背景、个人特点；表达要顺畅、自信，给人以信心；能正确认识和评价自己的个人特点。

第二，综合分析类。首先要分析问题，从正反两个方面看问题；其次要分析产生问题的原因，从经济、社会、家庭、个人等多个角度展开；最后要结合实际分析解决问题的办法。

第三，人际关系类。首先要保持冷静、平和的心态。以平和的心态面对目前的处境，理解矛盾方领导、同事的感受，调整自己的情绪。其次要有"求诸己"

的自省态度，少解释、少推责，发挥沟通交流的作用。向领导说明自己当时的处境，该承认错误的承认错误，消除误解，争取领导、同事的理解和支持；然后主动加强与同事的沟通，虚心请教，增进理解，融洽和同事的关系。再次要做好工作，行胜于言，用实践和时间来检验，路遥知马力，日久见人心。今后工作中，通过自己的努力和积极表现，积极融入集体，利用自己的工作体会，为单位工作提出建设性的意见，促进工作开展。最后就是用心处理好关系，做好工作，避免再发生类似事情。

第四，具体任务类。要有步骤地开展工作：第一步，进行调研，深入了解情况；第二步，拿方案，"凡事预则立，不预则废"；第三步，征求领导意见，修改完善方案；第四步，组织实施，过程性汇报、结果性汇报，多汇报；第五步，总结回顾，提炼经验教训，以资做得更好。

在面试中的注意事项有：把握回答问题的节奏，问题思考时间控制在一分钟以内；边记录边思考；用语要自然，培训痕迹不要太明显，最好的语言就是"谢谢""谢谢您"。仪表要自然、大方、精神；态度要适度，太积极或者不积极都不可取。

学生提问：您能介绍一下门头沟区的发展情况吗？

丁章春：门头沟的地理位置优越，是离城中心最近的县城。虽然门头沟在16个区里经济体量排名相对靠后，但总体来说发展环境很好，经济发展指数大、势头好。人文环境好，发展空间大，对人才需求多。

学生提问：您从高校到公务员系统是基于什么原因？

丁章春：主要是机缘巧合的偶然性因素。本科毕业后留校工作两年，2007年北京市委组织部从高校中选拔优秀干部，我表现不错，就被借调到组织部工作半年，后来就留在公务员系统工作了。

学生提问：您对于走向公务员道路有没有后悔过？

丁章春：没有后悔过，一是任何职业是有一定惯性的，进入之后就会一直往前走；二是我的性格、能力比较适合做公务员工作。

学生提问：您33岁位居正处级，在同龄中是佼佼者，您觉得您身上有什么

闪光点或优势？

丁章春：我在干部体系中算是较年轻的，但并不意味着对我来说是很大的优势。因为人的职业发展在不同的阶段加速度是不一样的。有的人可能在前半程发展较快，有的人可能是后半程发力，最后大家的位置可能差不多。我觉得我在工作方面比较专注、认真和努力。从高校到公务员体系，我的工作跨度较大，工作环境和性质发生了改变，但我始终全力以赴地去转变角色和完成任务。在人际关系方面真诚待人，多替别人着想，推己及人。

假如以 40 年作为人工作年限的话，我觉得头 10 年的工作状态决定你后 30 年的工作高度，这种工作状态包括努力程度、获得的锻炼和积累等。这就像是橡皮筋，从紧拉到松很容易，从松再到紧是很难的。所以头 5 年、10 年要坚持高标准地要求自己，之后的发展就会比较顺畅。

学生提问：硕士和博士考公务员有什么区别？

丁章春：转正后的级别不一样，硕士转正后是副科，博士转正后是正科，这是最直接的区别。在某些场合和工作环境下，你的学位符号会得到强化，但很多情况下都不会在意你的学位和学历。归根到底，个人的发展还是靠实干。

学生提问：留在西部和基层，还是留在大城市更好？

丁章春：首先考虑家庭对自己职业发展的要求和期望，但更多地应该有自己的想法。去西部和基层对自己的锻炼是非常大的，发展空间也很大，工作内容也很有趣。

学生提问：大学生村官有哪些优势？

丁章春：从 2014 年开始，大学生村官名额大幅度减少，竞争激烈。因为北京为解决大城市病问题，实现"瘦身健体"，所以要严控人口，缩减留京指标。但总的来说，大学生村官也是一个好的机会：一是可以解决北京户口问题；二是针对三年服务期满的，国家专门拿出科级岗位供大学生村官考取；三是在考研生时加分；四是积累了基层工作经历，职业发展上升空间大。

公务员的职业选择与发展
——如何走好公务员第一步

主讲嘉宾：汪亮

中国人民大学商学院 99 级校友

北京市全面深化改革领导小组办公室秘书处处长

讲座实录

主持人：大家好！现在是公务员招考的旺季，我们很荣幸邀请到汪亮师兄，他现在在北京市全面深化改革领导小组办公室秘书处任处长，请他为大家讲一讲公务员职业生涯的选择。大家掌声欢迎。

汪　亮：非常高兴今天来到母校。首先自我介绍一下，我是人大 99 级本科生，就读于工商管理学院市场营销专业，毕业后留校。2007 年参加北京市公务员的招考，参加市委研究室的笔试面试，有幸被录取。党的十八届三中全会以后，中央作出了全面深化改革的决定，中央层面成立了"深改组"，习近平总书记任组长，下面设了一个常设性的办公室改革办，随之北京市也成立了这样一个机构，成立的时间还不到两年。机构正式成立后我就被派到了改革办，目前有30 个人左右的编制，有两个处，秘书处和协调处。这是我的基本工作经历。请问大家对公务员的理解是什么？

学　生：公务员是服务性的岗位，需要见很多人，要以服务者的心态去做事情，对专业的要求不是很高，对综合能力要求比较高，在待人接物上要有比较好的能力。

汪　亮：首先，你要有理想主义情怀。我选择做公务员很大一部分原因就是我的理想主义。我觉得现在的中国需要深化改革也好，提升政府建设体系也好，都是非常迫切的。一个政策制定出来关键看怎么实施，可能受益的是几百个人，也可能是某一阶层、某一群体。在座的大部分应该都是党员，在入党的时候都读过入党誓词，从我个人的角度而言，觉得作为年轻党员还是要有一点理想和奋斗目标的。

其次，要积极进取。进取心跟人处的环境，包括家庭等各方面都有关系。选公务员职业的人如果进取心不强的话，很难做好工作。

再次，有高情商。都说公务员 80％靠情商，20％靠智商。因为公务员的很多工作是跟人打交道的，要和人去沟通、去交流。情商在与人沟通的过程中还是很重要的，特别是在公务员工作中。因为工作后你就会发现很多事情并不是像书本上说的"非此即彼""1＋1＝2"，很多事在不同的环境下、不同时间，结果是不一样的。

再其次，把握原则。人要有坚守的底线。每次看贪官的忏悔录，第一句话就是丧失了理想信念，突破了原则底线。

最后，安于清贫。刚刚步入工作岗位的公务员工资也就 3 000～4 000 元，在北京这工资确实比较难以生存，所以国家在进行工资制度改革，我是非常赞同的。大家得有心理准备，安贫乐道，保持阳光的心态，不要去比较。当官就不要想发财。

主持人：我们常说有理想和有抱负，但是刚刚工作的时候大家都是做打字、复印这类小事，怎么看待现实与理想的差距？

汪　亮：领导有时开玩笑说，我们每位新来的同志都是照以后要成为政治局委员来规划的。理想是要有的，但也需要脚踏实地。只有小事上做得比别人强，才有可能脱颖而出。有些小事确实反映一个人的能力和素质。小事不断积累，就会有量变到质变的效果。在工作中，你有沟通协调能力的锻炼，也有业务能力的锻炼，时间长了就会有提高的，这一点非常重要。

主持人：原则与现实的矛盾又怎么处理？

汪　亮：正确处理原则性与灵活性的关系问题，要坚持原则，把握灵活。一味地坚持原则，可能没几天就跟大家关系处僵了，太灵活则可能不稳重。度要把握好，底线不能破。

主持人：公务员的发展方向是什么样的？

汪　亮：我们国家的政治体制和欧美是不一样的，欧美是两党制或多党制，公务员只是一个普通的职业。我们国家的公务员从长远来看是一个可以实现个人价值的岗位。在公务员体系里是可以施展才华的。

主持人：公务员需要具有哪些能力？

汪　亮：首先工作上得细致。稿子不能有错字。天下大事，必作于细。其次要提高沟通能力，就是情商要高。情商一部分是天生就有的，但很大一部分还是后天培养的，与智商没有太大关系。处理好与同事的关系，尊重老同志。

主持人：选调生、国考、京考之间如何选择？

汪　亮：选调生要去一个人多地不熟的地方，破格提拔现在越来越少。第一步走在别人前面，但不意味着以后都走在别人前面。基层工作与中央机关的工作还是不一样的，你去基层工作首先要融入到当地的政治生态中，基层工作的压力也很大。根据自己的志向去选择。如果你喜欢安稳一点的话，还是考普通的公务员比较适合，每个人的选择不一样。

主持人：对于公务员的面试有什么建议？

汪　亮：说话、发言不能偏激，要不卑不亢，不要过于热情。服装方面要穿着得体，以表示对大家的尊重。另外就是要避免口语太多。

主持人：下面进入同学提问环节。

学生提问：硕士与博士考公务员哪个更有优势？

汪　亮：技术性的岗位招博士更多一点。大部分的工作是与人沟通，研究生也就够了。

学生提问：怎样能将文章写得有深度？

汪 亮：不要浮于表面的空话、套话，要讲清楚本质的事情，对事情有深刻的理解。

学生提问：公文写作需要注意什么？

汪 亮：请示，注意一事一请示。没有隶属关系之间的单位之间有什么事情就是通过发函相互通知。报告是将问题报告清楚，不能有建议。总之，公文，不要夹杂个人的观点，将事情说清楚就好了。

学生提问：本科生和研究生考公务员，哪个更好？

汪 亮：建议读研究生后考公务员。本科生的能力和经验毕竟有限。

学生提问：怎么处理传话议论的人？

汪 亮：毛主席有一句话：把支持自己的人搞的多多的，把反对你的人搞的少少的。大家尽可能不要去激化某件事，处理的方式是多种多样的，方式的选择会体现一个人的不同能力和素质。

扎根基层情系人民，志存高远奉献青春
——"人大之子""感动人大特殊贡献人物"与您相约"就业沙龙"

嘉宾简介：

王树光　乌鲁木齐高新区国有资产管理中心副主任、财政局国库科科长

孙玉栋　教授、博士生导师，中国人民大学公共管理学院公共财政与公共政策研究所副所长、全国公共管理专业硕士学位教指委副秘书长

节目实录

主持人：各位同学，大家好，欢迎大家来到中国人民大学就业指导中心主办的就业沙龙，今天我们沙龙的主题是：扎根基层情系人民，志存高远奉献青春。很荣幸我们今天请到了王树光师兄，以及师兄在硕士期间的导师孙玉栋教授。

王树光师兄，本硕均毕业中国人民大学，目前又回到母校继续攻读博士研究生。2010年4月9日，师兄将自己的造血干细胞成功捐献给一位素不相识的女孩儿，也因此荣获"捐献造血干细胞荣誉证书""红十字会博爱奖""中国人民大学校长特别奖学金""创先争优先进人物""人大之子""感动人大特殊贡献人物"等荣誉。2011年4月，作为首都百万学生代表，王树光师兄获选北京市优秀共

产党员。研究生毕业后，通过人才引进计划，王树光师兄前往新疆乌鲁木齐高新区（新市区）工作。工作以来，先后荣获"高新之星""乌鲁木齐市为民务实清廉先进典型""民族团结模范""中国网事·感动 2013"第四季度人物等荣誉。他现任乌鲁木齐高新区（新市区）国有资产管理中心副主任、财政局国库科科长。欢迎师兄的到来。

下面，我来介绍一下师兄的导师孙玉栋教授。孙教授是中国人民大学公共管理学院公共财政与公共政策研究所副所长，同时担任全国公共管理专业硕士学位（MPA）教指委副秘书长。有道是"一日为师，终身为父"，孙教授亲眼见证了树光师兄的成长与进步，请大家再次以热烈的掌声欢迎孙教授的到来。

说起树光师兄，我们就先不得不提起 2010 年的一件事。2010 年，想必在座各位刚刚迈入大学校园，甚至还在读高中或者初中，就在那一年的四月九号，树光师兄将自己的造血干细胞成功捐献给了一个素不相识的女孩。对于我们普通人来说，造血干细胞移植手术确实是一个比较陌生的概念，而且是需要巨大的勇气的，但是我们的树光师兄做到了，现在我们就特别想了解师兄在当时是如何作出这个决定的，或者说您当时面对一个素不相识的人，对捐献自己的造血干细胞是怎样一种想法？

王树光：我最早接到骨髓库电话是 2009 年的年底，那时候我还在中粮集团实习，接到电话的时候，我很吃惊，因为我和那个女孩配型完全吻合，一般情况下这样的概率非常之小。我最早是在 2005 年把资料存在了骨髓库。2009 年接到电话的时候我自己都忘记了这样一件事。当时心里觉得自己很幸运，能为别人提供帮助。在网上与骨髓库人员进行交流后，也了解了造血干细胞移植对身体的影响，作出了捐献的决定。

主持人：我们都知道新疆作为一个内陆省份，经济不是很发达，条件也较为艰苦，是什么理想使您义无反顾地选择新疆作为自己的舞台？

王树光：这主要是和我的自身经历有关。我出生在农村，从农村走出来更想去帮助别人，同时也是受到了几位入疆工作的师兄的影响。我毕业的时候有很多很好的 offer，我从本科开始一直在实习，央企、外企都实习过。当都经历过之后，就想去提升自己，开阔视野。我开始的选择是去西藏，但因为家人比较反对，刚好新疆也有人才引进的计划，就到了新疆。

我大学的时候清华大学有一个基层公共部门发展研究会，它会邀请全国优秀的基层校友回学校分享经历。我通过这个社团进入了这个圈子，通过交流，对新疆、西藏这样的西部地区有了一定的认知，就到了新疆。

主持人：您的家人支持您去新疆吗？

王树光：刚开始肯定不支持，我的妻子最开始在山东财经大学工作，后来来到北京，之后又和我一起到了新疆。她是我的初中同学，对我的个性比较了解，知道我的性格就是认准的事不会改变，而且她也觉得我趁着年轻出去闯也很好。

主持人：我们也特别想听听孙教授的想法，当初师兄选择职业的时候也肯定是受到您的指导，您当时是什么态度？

孙玉栋：师生关系一般来说，在本科会更加关注学业，而到了研究生，导师与学生接触更多，除了学术上支持，生活中也有比较大的参与与交流，除了教书育人，也有父子般的关系。树光在农村长大，对父母的建议比较在意。他认为献血这是帮助别人的方法，多次献血。捐献造血干细胞的时候他首先来找我。如果从父母的角度出发肯定会考虑他的身体，但从老师的角度出发是比较支持的。我和他说如果你不想和父母讲，我和师母来帮你做决定。树光做捐献手术的时候很艰难，四个小时不能移动，还会出现脱钙的现象，得往身体里补充钙剂。从手术台下来的时候，他的后背全都湿透了。当时那个生病的女孩就在那里等着，作为老师我虽然很心疼他，但我也为他感到骄傲。等到他毕业的时候和我说他的选择，一开始他在中粮的时候，中粮专门给了他一个指标，但是他却主动提出要去西部。导师是一个双重的身份，作为老师的话很支持，但作为家长却很担心他的事业发展、生活的压力。我和爱人和他长谈过很多次，同门之间也谈了几次，师门同学都很敬佩他。在今天我的学生里，我会把树光的选择当作一个非常具有正能量的事情。不是不得不去，而是我主动选择要去。现在新疆局势又不稳，树光三年间基本没有休息，压力很大。他在新疆结婚，没有在北京办婚礼，女儿出生之后没有办法自己带孩子，只能把女儿留在山东老家。他既要全身心地投入工作，又面临生活压力。所以需要精神支柱、意志和信念。作为老师我接触过很多很多学生，有的学生比较务实，这并没有错，但像他这样的学生是比较少见的。树光的志向在同龄的孩子中是比较突出的，他本来还想选择更边远的地方，但是家庭与他是连在一起的，到了基层之后还要考虑多方面的因素。树光在大学学的就是公共财政管理，与工作非常吻合。他兼了两个职位，这也说明他是非常能干的：一是能力很强；二是态度很被认可。

大家在做选择的时候，更多地要看你关注什么、想要选择什么，每一个选择都是有成本的，现实与理想肯定会有反差，关键是你怎样去坚守。树光还援助过少数民族的孩子，我很吃惊。我觉得他在中国现在的环境下是应该得到认可的。

主持人：其实我们很多人都会有一种理想，以天下为己任，真正地去奋斗，去实现自己的人生价值，但我们很多时候，在现实面前往往会选择退缩，真正像师兄这样敢于、勇于践行自己理想的人少之又少。方才提到您的工作单位是国有资产管理部门，那么您现在的工作环境怎么样？

王树光：乌鲁木齐高新区是 1992 年全国最早建立的 54 个高新区之一，2013年生产总值等主要经济指标在西北地区是非常突出的，高新技术企业占全疆的70％以上。我身兼乌鲁木齐高新区国有资产管理中心副主任、财政局国库科科长两个职务。这与我本科和研究生的学习经历与专业特别吻合，我是被破格提拔为国库科科长的，这既有自己的努力，也有当地领导的认可，所以自己也有比较快的成长与发展。

主持人：在其位，谋其政。希望师兄在自己的岗位上做出更辉煌的业绩。我们都知道，目前师兄又回到母校来读博了，又见到孙教授和许许多多校友。我特别想问一下，在孙教授眼里，师兄是怎样一个学生，尤其是我们特别想听听他在硕士期间生活、学习上的一些事情，您能给我们讲讲吗？

孙玉栋：树光以考研第一名的成绩考到了公共管理学院，面试结束之后我们没有太多的沟通，但他在面试之后出现在我的课堂上，他说他想要提前进入状态，希望能更进一步了解这个专业，我们就有了初步的沟通，了解到他是商学院的，财务知识基础会比较好，就推荐他去阅读一些书目。9 月份入学，树光成为我的研究生，他很认真，学习成绩很好，拿了奖学金。期间他也去实习，他自己出去开拓的能力很强，一直在尝试很多社会实践性活动，家教做得很好，自我管理能力很强，很独立。这是很值得现在的年轻孩子学习的，总觉得现在的孩子越来越小，现在十七八岁的孩子与当年十七八岁的孩子比较不一样，从初中到高中再到大学，每一个阶段应该有一个进步，除了学业进步，还应该有自我管理能力的进步。树光的个性就是认准一件事你很难去改变他，他的硕士论文开题的时候想写基层的东西，我和他产生了分歧，他想要去证明自己的观点，这是求真的态度，敢于把自己的观点求证，他写撤村并乡的问题，这是很基层的问题，大部分老师的观点和我的比较相似，是从学者角度出发的学术观点，但他更注重基层实践。但他很好地做到了求同存异，完成了他的硕士论文。

主持人：谢谢孙教授。树光师兄本硕期间都这么优秀，我们知道师兄现在是回到母校来攻读博士学位，我们特别想知道师兄为什么选择回来继续深造呢？

王树光：想在各方面精力还允许的条件下来提升自己的理论水平。

主持人：那么我想追问一下，师兄在博士毕业之后，有什么更加高远的理想？以后有什么目标？

王树光：与老师和领导交流之后，新疆那边怕我深造之后不会回去，但我觉得完全不用担心，既然决定在那里待十年，我就要看一看基层到底是什么样子，想去挑战。博士读完之后也要回去，继续开拓进取，让自己的价值得到更好的发挥。

主持人：好的。我自己问了这么多，想必各位同学也有很多疑问，下面就请大家把自己的疑问都讲出来，可以问师兄，也可以问孙教授。

学生提问：师兄是否需要时刻学习了解信息？你是通过什么途径获得一手信息的？

王树光：其实这就是学有字之书和无字之书的区别，在基层和西部更多的是学无字之书。乌鲁木齐现在特别发达，我想你提的这个问题更多的是主观性的问题，这三年以来，我给自己定了目标，每天阅读一小时时事新闻、社会热点等等。

学生提问：师兄你好，我现在大二，马上就要入党，家里又都是党员，希望能够到基层为老百姓干些实事。我的专业是人力资源管理，感觉人力资源管理要么去企事业单位，要么就去宏观的层面做事，与自己到基层的愿望相悖，我是否需要在专业上作出改变？

王树光：其实没有必要在专业上作出改变，我们那边也有工科生，人力资源管理也是一个人文社会学科，在宏观方面或是在工作中的运用并没有冲突，你现在大二，觉悟起步也已经很早了，希望你能在后面继续朝既定的目标努力。

学生提问：学人力资源管理到基层不知道做什么？在基层的人事方面有没有什么需要？

王树光：人事方面在政府有很广阔的应用，我认识的同学在组织部的比较多，组织部比起人事局更固定。在人事和社会保障这一块还需要很多创新。重要的就是你有没有这种决心或者信心去学习，道理都是相同的。

孙玉栋：你在大二就有到基层的愿望很好。现在的专业和职业并没有非常必然的联系。这和我们当年还不一样，今天看来，本科教学的思路主要是大的思维方向，广泛涉猎。劳动人事学院有全中国人力资源管理的一套体系，但这套体系中也能有很多变通。理念是道的问题，方法是术的问题，道指的是人文意识，术则是之后对知识的提升与丰富。职业与专业的关系是松散化的，你的能力是基础，与你所处的工作环境与你想解决的事情有关。人力资源是非常重要的，从人事部到基层，从高到低，做人力资源是非常重要的，在纵向上有很大的贯通性，社会科学是给你观念、思维，不一定是看得见摸得着的，但它能提高绩效，这源于你的认识与设计。人在最被需要的时候最容易被承认，能力、态度是有机结合的。当你到基层时，扎实的理论功底是很有用的。

学生提问：您作出这个决定的时候，家里的情况是怎么照顾的？是怎么作出这个决定就到了新疆？

王树光：我还有一个哥哥，2003年去世，那正是父母最需要我的时候，他们供养我20多年，我最想做的就是学成归来回报父母。但当你选择事业时很多方面要有所取舍，在父母70岁之前还有10年，孝顺并不是天天待在一起，更多的是发自内心的关怀，更在乎心意而不是物质上的回报。

学生提问：新疆现在来引进人才，整个新疆统一招收人才，你当时择业的时候关注的是什么？

王树光：我当时也是很全面地关注了，现在各个地州和自治区都对名校的毕业生有需求，但是你还是得看哪一个更适合自己，双向选择吧。

学生提问：我是新疆学生，面临留在北京还是回新疆的选择，新疆只有高新区在人大招聘。

王树光：人大和新疆还没有定向招录的人才协议，但并不是只有定向招录的渠道。人才引进与公务员考试还不太一样。高新区待遇还是很不错的，新疆籍贯的更应该回到家乡。从新疆出去学习之后回到新疆的也就 10 个人左右，新疆存在留不住人才的问题，主要是家族亲人不在那边，所以政策是倾向于引进新疆本地学生。

学生提问：请问在您工作的三年中有没有碰到困难与问题？

王树光：先从工作上说吧，我在学校更多学习的是理论，很宏观。而在基层有一个比较严谨的制度，不太允许创新，更多的是要去适应，要去想怎样在制度下去完善它，更好地执行国家战略。

而从生活上说，我遇到的困难比较多，对父母孩子有亏欠。当时我捐献造血干细胞的女孩子，她现在也在云南做村官。看到你救助的一个人活生生的，以更积极的态度对待生活的时候，你会觉得自己当初所做的还是很有意义的。前行的目的并不是为了到达，而是为了引导。当你进了校门，你的前途与命运就与国家联系在一起。我去新疆也是为了引导更多的人去关注新疆。我在新疆也经常与造血干细胞的志愿者联系，我资助一个维吾尔族家庭。总结来说，自己所做的事情并不是图名誉回报，自己能有机会从农村走出来，在学有所成、事业有所突破的同时，要更多地发挥自己的带动作用。

主持人：鉴于时间关系，提问环节就到这里吧。最后还请孙教授和树光师兄给大家一些寄语以及期望。

孙玉栋：今天沙龙的主题是一个人的志向与选择，以及选择的反馈。其实树光现在回来读博士会让很多人有疑惑，他是不是想要离开新疆。我比较赞同他的坚守，他应该一直走下去，随着职务的提高，去做更多更重要的事情。做大官并不是他的目标，但今后可能还是要去担当重任。从本科入学的时候，胸怀天下的意识的培养是很重要的。开了三年新生研讨课是很好的，不是单纯的学科专业知识交流，更多的是去理解大学四年怎么过，怎样度过生活与看待职业，等等。我们当时毕业的时候是响应国家号召，指定性分配，而现在更多的是双向选择，现在可以按照自己的意愿选择自己的人生道路，机会更多，付出的成本与代价也会很高。天高海阔，最终还是看我们自己能不能去践行，当你走出人大，有能够让人大以你为荣的一天你就选对了。

王树光：我想先给大家讲三个故事。一个是新疆人大校友会入疆50年的颁奖，老校友五六十年代入疆，献了青春献终身，献了终身献子孙，将自己的人生家人子女都奉献给了新疆。

第二个是清华的陈凯，2010年入疆在喀什做村官，现在做到党委书记，带领喀什致富，将自己的资源带到新疆，与家人分离。

第三个是清华的任晓泽，2010年进藏，女儿早产，导致爱人无法工作，女儿的身体一直很不好。但他也是在西藏的一个乡镇上苦苦坚守。我很敬佩也很感动。

把这三个人物与自己做比较，自己很汗颜。他们都能坚守在这样的环境下，我也可以继续坚持。对人大学子的期待可以总结为这几点：

1. 心中要有理想，没有理想和方向，只能浑浑噩噩、人云亦云，守志方能制胜，没有理想很难成功。

2. 胸中要有定位，要了解自己是一个什么样的人，如果把人比作房子，那我们现在就是毛坯房，要不断地完善自己。

3. 手上要有功夫。

4. 脚下要有实地，怎样接地气？就是选择最适合自己的地方。

最后希望人大学子能更好地发展自己。

入行履实地，成才在基层

🎤 嘉宾简介：

胡明月　就职于中国银行

汤崇文　就职于招商银行

黄文彬　中国人民大学财政金融学院党委副书记，副教授

节目实录

主持人：各位同学大家好，欢迎来到第 19 期就业沙龙，让我们先请各位嘉宾做个介绍。

胡明月：大家好，我叫胡明月，统计学院本科、硕士生，是中国银行第一届管理培训生，现在在分行轮岗。

汤崇文：大家好，我叫汤崇文，我本科在武汉大学，研究生在人民大学。毕业后一直在招商银行工作，已经工作五年了。

主持人：黄老师，今天有不少来自财金学院的同学，您能给我们介绍一下财金学院的毕业生就业情况吗？最好能把我们推荐到师兄师姐工作的地方。

黄文彬：今天来听讲座的同学有些是财金学院，有些是外院的。要说就业情况，其实我们院和其他院差不多，第一选择还是财政金融行业，像银行、证券基金公司，这些都跟钱打交道，同学们还是比较喜欢的。我们财金学院本硕博人数是正态的金字塔形的。本科生很多，但就业主力军是硕士。本科生真正就业的不是很多。本科生1/3工作，多于1/3出国，少于1/3读研。硕士生的去向有以下特点：第一，就业的行业比较集中，90％的毕业生去金融行业工作。当然，在座的同学也可以去金融行业工作，只是财金学院的毕业生概率大一些。第二，毕业生基本都在北京，80％都在北京。当然，有一些证券基金公司在其他地方，但比较少。

主持人：刚才听师兄师姐说，都做过轮岗，这是一种制度，还是只针对新人？你们所在单位是怎么规定的？

胡明月：我是中行第一届管培生，要下放到北京分行先做轮岗两年。当时的想法是先做两年柜员。在做满一年的时候，以想学更多东西为理由，要求轮岗，然后被调到支行工作。所以我是第一年做柜员，第二年在部室做个人贷款工作。以后一般毕业生想加入中国银行，先做两年基层轮岗，第一年柜台，第二年部室，之后你可以选择3个部门，再通过面试决定去哪个部门。做基层的好处是，可以先了解总行的总体情况，之后可以选择自己喜欢的部门。

汤崇文：招行一般是半年左右的轮岗，之后确定是做对公或是零售业务。如果分行缺人时，也有可能会直接把你招了，但是很少。大部分人在支行，去分行的很少。总体来说，各个银行差不多，都会先在基层做。

主持人：黄老师觉得咱们财金学院都是精益求精的，对于一线基层轮岗，您是什么态度？

黄文彬：我个人觉得去基层，是一种很难得的经历。在学校学的基本理论知识自己看书也可看懂。但是具体操作流程、制度，还是得去基层锻炼一下。现在基本所有的银行都有这个轮岗制度，只是时间长短不一样。当然，可能有些人对银行基层锻炼比较担心，担心下去了上不来。举个例子，有个老师10年前在我院做团委书记，一个很优秀的人，后来到建行，现在从级别上讲，在银行还只是一个科长。但是，另外一个当年没有留在学校的，那时去了武汉分行工作，现在在那里做了处长，成了他的上司。所以成长经历很重要，不过我们也在引导，幸运的是学生心态也在慢慢转变。

主持人：我们都不了解基层做什么？师兄师姐能给我们具体说说基层做什么工作吗？

胡明月：我在柜台做了一年，那地方有富人也有穷人。期间遇到了很多人，什么样的人都有。我对别人来说就是一个机器人，把业务告诉我就行，对我的态度不会考虑太多。刚开始做时，前半年老考虑业务不行，内疚自己业务不会做，半年后情绪爆发了，觉得自己不被重视。不过做柜员可以观察人，也使我了解什么样的人可以交，什么样的人不可以交。所以我很勤快地工作，半年后比老柜员多3 000基点，一个月多了1 000块。大家都觉得我不错，对我个人和毕业的学校也开始肯定。工作后期确定一年之后可以换个工作，我又开始留恋做柜员工作了。我变得可以观察客户了，从他们的衣服、态度、动作，了解他是做什么工作的、家庭背景、办什么业务等。另一个是心态的调节。刚开始我会觉得客户觉得我不重要，同时觉得自己没什么用，而且我跟同事们背景不一样，没法交流。但后来我觉得跟不同的人打交道，学习到了很多。要在短时间内跟不同的人搞好关系，让他们信任我，这种能力对我很重要。

汤崇文：大家觉得在银行工作是一个非常光鲜、非常稳定的工作。但是柜员是很辛苦的。我没做过柜员，只站过3个月的大堂。做柜员的一般中午吃饭就是一个人帮另一个人带饭，没时间吃饭，很忙。在招行，一般研究生不会进柜台。我平时工作做对公客户，主要是直接对客户，开发对公企业。刚做时，扫过楼，有业绩压力，只有自己打电话，找财务人员什么的，或到办公大楼"扫楼"什么的。我现在想明白了，这种放下面子去闯的过程，是一种挑战。我们对公业务涉及很多信贷，包括写项目报，比如财报分析、行业判断、给客户发债、做投行业务等，所有的业务都可能接触到，在总行、支行不一定能接触到这些。心态方面，因为我在清华园支行，那里站大堂的都是清华、北大的，所以觉得自己不算什么。其实学校这个东西没那么重要，最重要的是踏踏实实做事。在北京人才济济，人大研究生也不算什么。在北京招行，就算支行，人大毕业生也还好，最后还是做事。当然情商也很重要。

主持人：基层的工作都是比较细、比较苦的工作吗？那我们如何在那么多人中脱颖而出？

黄文彬：其实两位的话，再次证明我的判断。HR跟我们反映，人大人务实、好用。有的清华、北大的放不下那个面子，像"扫楼"这种可能就不愿意做。不像人大的上手快、务实。在细节方面，人大人的情商很高，情商有时候比智商重要。其实能到人大读书的学生，智商都差别不大，差别主要是情商。如果情商培养好，在工作中能很快上手，所以摆正心态是很重要的。

主持人：师兄师姐有什么好建议给我们？师兄是怎么被破格提升为副经理的？

汤崇文：招行提拔还是比较透明的。一般工作积极、办事靠谱的都会有个提升年限，最快3年提到经理助理。最快2年左右转副经理。我是3年提到经理助理，1年半提到副经理。支行行长相当于分行部门总经理，分行行长相当于总行部门总经理。研究生毕业一般提级稍快一些。本科生的话最快5年提第一级，一般要6年。我自己当时定了个目标，3年年薪30万元。我当时很努力，一般人一篇报告写一周，我一般2天写个报告。我是外地人，只有勤奋些才行。身边牛人太多，当然也是赶上了好时机。

主持人：那招行跟中行有什么不一样呢？

汤崇文：招商银行的股东是招商局，是国有股份制银行。跟中行的区别是股份制稍灵活些，工资稍高，但是比较累，其他的没什么太大差别。我的一个朋友，在招行做了几年会计，很累，所以不做了。去了兴业银行，工资少了一点，但是轻松很多，中行也是挣的钱少些。但是招行内部灵活性很高，审批制度、产品设计灵活些。

胡明月：中行毕竟时间长，涉及面广，被看管得比较严，我们想给上级提意见确实很难。但是中行氛围不错，人很平和，没有逼你特别努力。同事关系不错，适合女生，适合生活。

黄文彬：我对这个话题稍有陌生，但从经验来看，两家银行我觉得没啥区别，基本业务一样，只是有的对公多一些，有的对私多一些，有的国家支持得多一些，有的国家支持得少一些。四大行确实轻松些，想多赚钱，可以去分行。但是很多女生去总行觉得挺好的，工作不错，氛围也不错。但是去总行很容易耽误人，就像我刚才举的例子，财金学院的团委书记，一开始就去了总行，十年后还是一样的职位。但是他的同学去了湖北的分行，现在成了他的上司。但是未来国有银行和股份制银行的差别会越来越少。

学生提问：大学生怎样安排实习、社团活动，对工作会有什么影响？

黄文彬：我上了一下午新生研讨课，我的话题核心是提高自己的综合素质，能决定一个学生走得多远，决定性的因素有三个：第一，价值观，价值观不能有错；第二，综合能力；第三，专业知识。这两位校友大学时不一定学了多少金融知识，但现在依然发展得很好。大学中，学习成绩不是最重要的。要到学生会、社团多锻炼锻炼，提高自己的能力是首位的。

汤崇文：我觉得自己现在不能知道自己以后的工作，实习经历很好的。一来简历好看，二来提前进入职场，跟职场人打交道是很重要的。

胡明月：的确有平台当然比没平台好，多锻炼一下挺重要的，主要是对性格的影响。其实我在大学时经过实习，通过参加社团知道了自己是一个什么样的人，对方会想要什么样的人，我学会了沟通交流。做实习也会让你认识到你想做什么、不想做什么。你通过不停地接触实习，会对择业很有帮助。我以前做了很多实习，也知道了很多自己不想做的职业。在找工作时，更多的是能很开心地跟HR聊一下，我做了什么，发生了一些什么事。所以我建议在多做事之余也得把成绩搞好点。

学生提问：我有两个问题，师兄师姐之后的规划是什么？我是会计专业的，我想知道银行对会计专业的态度，以及未来的发展前景如何？

汤崇文：我先不想太远了，我想一步一个脚印先把工作做好。因为之前做公司业务，接触了很多老板，给他们做融资，做信贷，了解他们的创业史，很受鼓舞，所以长远来讲有创业的想法。但眼下要好好做工作。银行对会计学人才需求很大，我们很缺你们这种人。但最好考个CPA，这种证很吃香的，但是我太忙了，招商银行考试特别多，我半年考了三四个考试。刚入行时，做对公的客户，要对项目负责的，我们对信贷要求很高。所以我们每周五训练考试，有时还周末考。计划、财务、人力资源部、零售部都是银行的核心部门。

胡明月：我们部很喜欢会计，因为我们都是门外汉，一般只能看懂这是什么意思，那是什么意思，但是真假，有没有逻辑就看不出来的，所以会计很重要。我现在没有很大规划，还比较倾向于按年头升级。到了不能升级的时候再考虑做其他的。另外，不要寄希望于工作之后考证，上学时考证比较靠谱。

黄文彬：这两位校友都说了，像我们师兄的目标现在已经实现了。所以我们不能看得太远，但又不能完全没有规划。第二个问题，其实会计是个很好的专业，很实用。看懂报表，整个银行系统的财务就懂了。而且我们财金专业把会计这门课程放到跟金融学一样的地位。银行当然更需要会计学背景的毕业生。而且我觉得现在的银行需要的人才是多元的，比如今年建行只在我院招了金融工程专业的毕业生，但是招了法学的毕业生，会计专业的毕业生招得更多。

学生提问：非常感谢老师和师兄师姐的分享，我想问一下银行对中文系毕业生的需求怎样？面试有什么技巧？

汤崇文：一般银行是不挑专业的，什么专业不重要，最重要的是以后的综合能力。招行其他分行，一般在面试时，比较看重个人总体形象，总体的沟通协调能力。面试一般不会特别量化，比较看重个人意见，没有什么特别需要注意的。谈到专业性，我以前学的跟报表也没什么关系，而且我们很尊重个人意见的。

胡明月：我总结了一下，中行喜欢有点能力，但是又不要张扬的，不是最出彩的，但能顾全大局，听领导话的，最重要的是能协调大家的关系，有沟通能力。

学生提问：如果我既拿到招行，又拿到中行的 offer，应该怎样抉择？对公、零售有什么区别？

汤崇文：现在银行相对来说同质化严重，最主要的是看你自己。零售主要是做个人客户，你坐在这儿卖东西，别人会找上来。个贷主要是个人贷款，买房之类的。对公，一般是主动找客户，男生挺适合的。

学生提问：我想问一下，就业过程中性格比较慢热的人如何发挥自己的优势？

胡明月：做你自己，尽力让你自己的性格在工作中发挥最大优势。不要做放大自己缺点的工作，尽量选适合自己的工作，肯定有适合你的工作。非得要挑战的话，可能会为难自己。

黄文彬：性格是可以调整的，性格慢不是坏事，最主要的是选择适合自己的工作。

主持人：最后请三位嘉宾跟同学们来说几句寄语吧。

黄文彬：希望同学们以后在求职中顺利，找到一份体面的工作。

汤崇文：我想说两点，第一点，希望今天的座谈会或多或少有些帮助。第二点，以后有问题可以随时联系我，也欢迎大家来招商银行工作，如果成为同事，希望能为大家提供便利与帮助。

胡明月：今天回人大，走在人大，我对人大有说不出的怀念。希望大家好好学习，好好谈恋爱，以后好好找工作。最后希望大家都能开心，做自己最重要。

基层校友专场分享会

嘉宾简介：

> 李培川　福建省三明市沙县高桥镇人民政府科技副镇长
>
> 李笙瑾　四川省宜宾市委组织部
> 邓霞秋　广西河池市都安县保安乡党委副书记
> 欧水木　广西壮族自治区人社厅劳动监察局局长

节目实录

李培川：我 2009 年入学以后，本科、硕士都在国际关系学院，毕业后就去了福建。学校这边希望我讲两部分内容：一是职业选择的心路历程；一是工作现状与感悟。

我大四的时候职业规划很清晰，当时想要好好挣钱。我大四到研一都没有放弃实习，最后也拿到了民生银行的工作。但是在快毕业时，我发现接受不了这样的生活。我当时在北京可以过很美好的生活，但这不是我想要的。我的家在基层，也受人大教育了六年，我感觉这样的格局太小，我只能照顾自己的家庭，所以不想做这种工作。当时福建的政策比较好，2015 年，硕士过去了之后直接挂主任科员，并享受其待遇，头两年是挂职期，现在挂职副镇长。总之，我想为社会多做点事情，同时赶上了福建的好政策，使我到了福建工作。

现在的工作需要什么品质与能力？我觉得是领导能力、执行能力、沟通协调能力、思考谋划与筹备能力。首先说领导能力，在挂职科技副镇长后，主要负责领导镇的发展，这就需要分工。上级下发的文件需要你来处理，书记只负责签批，剩下的需要你来落实。没有人会教你一件事情怎么做，他们只会告诉你这个工作能不能做，至于怎么能做，你自己要多去打听。第二个是执行能力。上级交代的项目一定要执行，别人给你安排任务时，你先不要有太多质疑，先去做。第三个是沟通协调能力。向上面要资源以及交代工作需要的就是沟通协调能力。给副县长、局长、副局长怎么打电话都要斟酌。第四个是思考谋划与协调能力，基层麻雀虽小，五脏俱全。很多工作都要去做，要做出亮点，需要好好地思考谋划。

另外，我要给大家讲一讲我的工作现状与感悟。我有五点感悟。第一点，就是到了基层后虽然学历较高，但认识问题还是要理性、科学。到了基层后，工作要的不都是学习能力，要的是谦虚。第二点，基层工作千头万绪，每项工作都很复杂。像教育就有幼儿园的绿化、新幼儿园的投资、校舍的修缮等，这些都需要我们跑，不过方法总比困难多。第三点，要珍惜时间，增强办事的责任感与压力感，其实自己不给自己压力，上级领导也会施压。第四点，增强主体意识与担当意识。就是进入角色与状态，自己要有为，不能让群众说闲话。做公务员就是为人民服务，不能不作为。第五点，常反思，多自省。当工作做得好时，还要多注意别人怎么看。

最后与大家分享几个字：勤学好问。行为上要勤奋；学习不能落下；工作要尽量做好；要学会借力打力，他山之石，可以攻玉。

李笙瑾：我讲一下我的工作经历与感受。我经历了两个职位，一个是在四川省宜宾市某县县委，第二个是在四川省宜宾市委组织部。"五加二""白加黑"的工作节奏是司空见惯的，工作强度相当大。在这一年的工作中，我个人能力提升了很多，文稿起草能力明显提升，统筹协调能力增强，团队协作能力也得到了提高。

另外有三个法宝要告诉大家。第一个是勤于学。要能沉得下身子，在基层中要经过理论学习、实践学习、政策学习，要向领导学、向群众学。第二个是善于思，能挑得起担子，保持"吾日三省吾身"的状态，要勇挑重担。在不断思考的过程中，可以发现工作中有很多东西是可以总结的，特别要思考把握政策的导向、领导的意图与地方习俗与文化。第三个是要笃于行，要能闯得出路子。

然后是要回答几个问题。第一个问题是为什么选择四川？首先，我的初衷就是回家乡建设。其次，人大与四川省签订的协议，是2015年签订的。我们定向选调生相对于省内的选调生来说，还是要高看一眼的。最后是母校对我们的关怀，去年靳诺书记等带队来到四川，与我们四川选调生进行座谈，她在会上寄语我们要脚踏实地，不要立志做大官，要立志做大事。这样的话使我们更好地明确了自己的定位。

第二个问题是需要具备怎样的品质？一是要具有良好的政治品质。二是要实事求是，脚踏实地。三是要有奉献精神。确实需要有投身基层、献身基层的品质。

第三个问题是需要具备怎样的能力？一是文稿起草能力；二是语言表达能力；三是人际交往能力。另外，业务能力也是必需的。

第四个问题相当于是一个题外话。这是对宜宾市的一个印象。宜宾市市委书记当时提出了"带水长江，养心宜宾"的观念，这是他自己想了一个晚上提出来的。作为这样一个级别的领导，他有自己的思想。后来我自己总结了三美宜宾："醉美""秀美""真美"。"醉美"就是指宜宾出名的五粮液；"秀美"是因为宜宾有竹海等景点；"真美"是宜宾对外来的人才十分包容与接纳。所以，如果大家想到宜宾去旅游，我一定会给大家做导游的。

邓霞秋：首先向大家介绍一下我的工作经历，我是2015年7月份毕业的，毕业之后就到了广西工作。刚开始，我被安排在都安县政府办公室，但我在那里工作的时间不长；12月我到保安乡挂职党委副书记，以后一直担任保安乡扶贫攻坚的副指挥，现在主要的工作是分管保安乡的扶贫工作，基本上把自己所有的精力都投入了脱贫攻坚的事业。虽然广西正处于经济发展的高速期，但仍然有部分地区经济落后，我所在的都安县就是国家级贫困县，并且保安乡3.2万人口中有8 000多人是贫困人口，扶贫攻坚的压力还是比较大的。

有很多同学都有去基层工作的意愿，对此我主要有三个方面的建议。第一，要避免到基层"镀金"和走过场的心态，我们要把基层当成"炼金"的平台，真正到基层接受锻炼。基层的工作非常复杂，要把基层的工作做好，就要每天都想着基层的各项工作，有各种各样突发的情况等着自己去处理。第二，要避免盲目自大，不能刚工作就想着大干特干，不要夸夸其谈，急于向别人证明自己，而是要先学会放下身段，放下名校毕业生的光环。很多基层干部在多年的历练后，都有非常丰富的经验，我们一定要虚心向他们学习，而不要自以为是，把自己的想法强加给别人，否则在基层很难打开工作局面。发表意见或者看法应该要经过深入的调查，毕竟没有调查就没有发言权，别人也不会相信你。解决问题要避免三分钟热度，有很多年轻干部很有热情，但碰到困难的时候却退缩，我们开展工作需要的是韧性和坚持。第三，要避免唯唯诺诺的老好人心态，否则很容易失去自己的原则和立场，我们要融入群众中并不意味着什么都要接受，我们要把自己身上的闪光点带到基层，同时要有勇气拒绝不好的东西。

在这里我也希望有越来越多的人大学子能够去基层，当然，每个人都有适合自己的工作，不管是在哪里工作都希望大家能工作愉快。我的分享就到这里，谢谢大家。

欧水木：我觉得基层或者广西，是值得大家去编织中国梦的地方，大家能够去展现才华的地方。第一，领导对于大学生、对于选调生是非常重视的，优秀大学生到广西去工作都有一个很详细的人才培养规划。第二，广西在教育方面相对于其他东部发达省市来说是落后的，人才比较紧缺。在人才紧缺的地方，那是最能够展现自己才华的，也是最容易提高自己能力的，所以广西是展现才华的好地方。第三，广西实际上是个经济后发的地区，但是恰恰又是一个经济发展最活跃、最新鲜的地方。广西连续 10 年 GDP 增速都是两位数。广西的定位从国家的复兴计划来讲，是经济发展的新一级、祖国的南大门。第四，全国各大菜系基本上在广西都可以找到，各个地方的人都能够找到你们自己想吃的，生活上应该不会有太大的问题。

到基层就业的建议主要有三个。首先，要有个正确的态度，虚心学习。在基层岗位当上，专业不是最重要的，实践是最重要的，所以首先要有虚心学习的态度。其次，要有个积极肯干的态度，出来就是要做事的。最后，勿以事小而不为，先从小事做起，不断地积累才能够做大事。

在从政方面，我认为有四个能力大家要尽快掌握。第一，文字写作能力，在机关其实和在企业一样，能写的、会写的永远受器重。第二，组织协调能力，机关要组织很多活动，怎么策划这个活动，在活动当中怎么进行协调，这就是你能力的体现。第三，人际关系的处理能力，在机关要靠嘴巴去说、去协调人际关系。第四，开拓创新，勇于干事，在这个经济大发展大变革的时代，必须要有创新的思路、创新的精神，作为新人，不容易受到原有的一些思维的影响，更要有创新的思维。

最后一句话，思路决定出路，勇于创新，才能取得不断的进步。谢谢。

走进基层，聆听一线声音

主讲嘉宾：林元达

河北省曲周县县委书记
中国人民大学 92 级经济学系校友

主持人：周文霞

中国人民大学劳动人事学院副院长

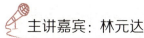

讲座实录

主持人：我们今天非常有幸邀请到了河北省曲周县县委书记、中国人民大学92 级经济学系校友林元达。林书记如何从基层不断进步、不断成长，大家想必特别想听他的经历、他的心声。我们先有请林书记做个自我介绍，讲讲他的职场经历。

林元达：人大是我的母校，是我离开家乡、进入都市的第一站。今天之前，我大概有十年没回母校。今天回来，首先感受到的是，人多了，树少了（大家笑）。在人大四年，是我怀着青春、最有梦想的四年。回到母校，我像游子回到家乡。

首先，我从学生在学校应该学什么、怎么样学与大家分享。

学生的主业，应该是把学习学好。离开人大近20年，我发自肺腑地觉得，要耐得住性子。工作什么时候都可以开始，但一旦离开学校，在学校学习的氛围，就很难再获得。

我想讲讲离开人大以后，我们当下处于一个怎样的社会。我们面临的世界，是一个怎样的世界。人大地处繁华之地，我们更要坚守内心的那份宁静。我劝大家"知止而后能定，定而后能静，静而后能思，思而后能得，物有本末，事有始终。知所先后"。建议大家要耐下性子来，学深，学透，博古通今，"物有本末"，学生现在的"本"，就是好好学习。

其次，我站在县域治理的角度，从农业、工业、城市建设三方面分享一些我的见解。

县是国家统治的基本单位。到一个县里，仔细观察工业是怎么发展的，农业是怎么发展的，城市规划是怎样的，世界自有一套它运行的法则。没有任何一门学科专业，可以学完了，就能学以致用。大部分人是"学非所用"，到社会上，比拼的是综合素质，是性格。比的不是学之多寡，比的是道之高下。既不要妄自菲薄，也不要妄自尊大。

中国农业建立在独一无二的土地承包制基础上，土地经营单位划得非常小，无法使用大型机器灌溉、规模化耕种，部分导致了农产品的质量无法保证。现在农业市场最大的问题是难以买到绿色农产品。

中国工业的最大问题是日用品产能过剩。走到现阶段，我国的劳动力红利已经结束，劳动力成本已经没有任何优势。在我工作的县里，一个工人的人工成本是5 000元左右。而实体经济的利润率非常薄，企业贷款很难，贷款年利率在12%以上。核心技术没有突破，品牌没有打造出来，人工成本提升，是我们现在工业发展遇到的很大瓶颈。

城市建设中，道路规划、城市管理建设是一门大学问。我去任何一个城市，都会去观察城市建设和管理。在规划一个城市之前，要有总体眼光。

再次，我跟大家简单分享一下参与到社会管理时，应该从什么视角观察这个世界。

第一，做"山水"文章。一个城市如果有山有水，就充满灵气。"山水能产生才情；才情者，心中之山水也。"山水是城市规划中永恒的主题。

第二，做"绿"文章。道路建设，一个总原则是"路"避"树"。在河北邯郸我工作的县城，有水网的地方必有林网，有路网的地方必有树网。到了夏天，遮天蔽日，郁郁葱葱。树比路重要。

第三，做"古"文章。欧洲国家的许多学校，一百年前什么样，现在还什么样。学校充满积淀，是有文化传承的学校。我认为一个没有文化传承的民族，是一个肤浅的民族。无论在校园，还是城市，若对老建筑、经典建筑稍加提升，那将有"月上柳梢头，人约黄昏后"的情调，魅力无限。应该对我们传统的东西、国学，怀有敬畏。

最后，我讲讲面对这个世界，应该把自己打造成怎样的人，如何打造，才能充满自信地把握住机遇。

第一，我们要把自己打造成怎样的人。

其一，胸中有墨。古人讲，腹有诗书气自华。腹有诗书，才华横溢。内在有东西，是压抑不住的。一个女生，如果博学多才，学贯中西，会让人肃然起敬。

其二，胸中有爱。这个爱，是人生大爱。弟子规，圣人训，首孝悌，次谨信。泛爱众，而亲仁。要心胸豁达，成为有亲和力的人。

其三，心中有梦。习总书记讲"中国梦"，我理解"梦"，就是理想信念。梦也应该现实一点。比如，你如果想当老师，梦想就是先把"老师"当成"名师"，再把"名师"当成"大师"。

其四，心中有海。心如大海，容纳百川。古今成大事者，没有一个是小肚鸡肠的。要能够忍受常人无法忍受的磨难和委屈。

其五，心中有刀。只有经过岁月的磨砺，才能成为坚强的人。要有正义感，要有自律之道；要心中有戒，心存敬畏之心。如果一个民族，没有什么敬畏了，那是非常可怕的事情。

能做到这样几点，那就是毛主席讲的，"能成为一个纯粹的人，一个高尚的人，一个脱离了低级趣味的人"。吾虽不能至，心向往之。

第二，怎样把自己打造成这样的人。

其一，学会学习。学习首先是苦的。学习也是美的。但这种美是你学到一定境界才能体会到的。美食之喜，美酒之喜，是小喜；朝闻道，夕死可矣，是大喜。学习，也分读有字之书和读无字之书，进入社会，读无字之书的过程才刚刚开始。世事洞明皆学问，社会科学法律财政金融等，无一不是和"人心"联系在一起的。

其二，学会实践。实践，就是练。向前辈学，向失败教训学。大胆试验，小心求证，哪怕付出代价。学费是要交的，但是尽量要少交。在中国的文化氛围中，口传心授，就业主要靠悟性，要从实践中练出来的。

其三，学会竞争。能考上人大的你们，都是竞争中的胜利者。将来走上社会的你们，也许某一天在竞争中败下阵来，但竞争大多是良性的。

其四，学会合作。地球离了谁都转，学会合作、会团结，在工作中非常重要。怎样才能成为好合作的人？一是吃得起苦；二是吃得起亏。会团结，那是大本事。跟上司、跟部下，都要懂团结、会团结。

其五，学会适应。人是环境的产物。刚工作，要尽可能去适应，而不是去改造。穷则独善其身，到了有一天有所成长，才能适当做一些改变。

其六，学会修身。一是修身体，要适当的锻炼，充足的睡眠。功课再忙，抽出时间，锻炼自己，成为一个阳光的人。二是修性格，性格决定命运。要学会在失败中奋起，在失败中成长。正确看待孤独，孤独使人深刻；正确看待磨难，对于一个内心坚强的人来说，磨难有多大，造化就有多大。

总之，培养自己既充满才情，又充满血性，成为有独立人格的人。"达则兼济天下。"立功立德立言，从自身做起，从单位做起；立规立信立威，既对自己，也对身边的团队。

主持人：怎么衡量一个讲座好不好，我的标准是"能带进去，能带出来"。今天林书记给我们上了一堂生动的课，我听后，既有闻道之喜，又有知遇之感。我有以下三点感受。

一是致青春，我非常欣赏林书记这样的演讲，勾起我对青春的怀念和回忆。人生的意义永远没有现成的答案。林书记现身说法，非常具有说服力。

二是致书记，林书记在基层历练多年，既能跟基层老百姓在一线打交道，又能保持自身的儒雅气质；既能提炼出来，又能走得下去，做到了非常难得的平衡。

三是致同学们：道比术重要。我们现在的学生，特别强调有用。无用之用，乃为大用。不要急功近利，积累不是一天之功。太快，就会拔苗助长。因为太快，同学们会缺了很多东西。

学生提问：想听您介绍一下目前大学生村官的现状。

林元达：作为刚走出校门的年轻人，能到农村历练一番，是非常宝贵的经验。大学生村官，头一两年来到农村，是非常不适应的。首先是要正确地看待孤独，在孤独的环境里面，准备怎样打造自我，用怎样的世界观、人生观，对待遇见的每个人、每件事，是非常重要的。要有积极的心态，要有坚强的内心，大部分大学生村官经过几年的历练，会受益无穷。

既然去了，就要爱这个村，爱这些干部，爱这些村民。将自己历练成金子，知识总有一天会发光的。

学生提问：您为何离开中央办公厅，下到基层工作？在基层工作遇到困难，您如何处理？

林元达：我的性格非常静，也非常定，我算是很刻苦的，大学四年基本每天固定时间在图书馆，炼成了"忍者神龟"（大家笑）。当时参加中央办公厅的面试时，我非常放松，因为我当时考上了经济研究所的研究生，所以是试着参加面试。抱着试一试的心态，我有了非常洒脱的表现，面试过程非常放松。

我从中央办公厅想下到基层，是因为在中央常常做的是常规性工作。每天的工作是大量的重复性劳动，比如写文章、写材料，天天打水，天天扫地，好像没有创造性。但是到基层，要管 50 万的群体，要经历各种各样的人和事，这样的锻炼，是在部委办公厅不曾有的。

抱着"为官一任，造福一方"的信念，我到了基层。确实如你所说，我的有些理念基层群众会不理解。历来领导，干事越多，争议就多。我但求一切为公，问心无愧。"政声人去后"，在当时的环境下，评价未必客观。多年以后回望，或许更加客观。

图书在版编目（CIP）数据

一起去听就业沙龙 / 中国人民大学招生就业处编写 . —北京：中国人民大学出版社，2017.7

ISBN 978-7-300-24693-2

Ⅰ. ①一… Ⅱ. ①中… Ⅲ. ①大学生-就业-研究-中国 Ⅳ. ①G647.38

中国版本图书馆 CIP 数据核字（2017）第 155653 号

一起去听就业沙龙

中国人民大学招生就业处　编写

Yiqi Qu Ting Jiuye Shalong

出版发行	中国人民大学出版社			
社　　址	北京中关村大街 31 号		**邮政编码**	100080
电　　话	010 - 62511242（总编室）		010 - 62511770（质管部）	
	010 - 82501766（邮购部）		010 - 62514148（门市部）	
	010 - 62515195（发行公司）		010 - 62515275（盗版举报）	
网　　址	http://www.crup.com.cn			
	http://www.1kao.com.cn（中国 1 考网）			
经　　销	新华书店			
印　　刷	北京玺诚印务有限公司			
规　　格	170 mm×240 mm　16 开本		**版　　次**	2017 年 7 月第 1 版
印　　张	16		**印　　次**	2017 年 7 月第 1 次印刷
字　　数	243 000		**定　　价**	56.00 元